SESGOS COGNITIVOS

JAVIER F. JIMÉNEZ

SESGOS COGNITIVOS

Aprende a Pensar Mejor

ÍNDICE

INTRODUCCIÓN

¿Te has detenido a pensar alguna vez por qué nuestras decisiones a menudo parecen tan irracionales? ¿Por qué nos dejamos llevar por nuestras emociones en lugar de actuar de manera lógica y racional? ¿Y cómo es posible que caigamos una y otra vez en los mismos patrones de pensamiento, incluso cuando sabemos que podrían ser perjudiciales para nosotros? Si alguna vez te has formulado estas preguntas, entonces has llegado al lugar adecuado. En las páginas de este libro, nos adentraremos en el intrigante mundo de los sesgos cognitivos, esos atajos mentales que nuestra mente toma sin que nos demos cuenta, y que influyen profundamente en la forma en que percibimos el mundo y tomamos decisiones.

Los sesgos cognitivos pueden afectarnos de muchas maneras en nuestra vida cotidiana, por ejemplo, pueden llevarnos a tomar decisiones irracionales, interpretar la información de manera sesgada, influir en nuestras emociones, impactar nuestras relaciones interpersonales y sesgar nuestra resolución de problemas. De ahí, que sea imperiosamente importante conocer en qué consisten, cuales son, y de qué manera podemos actuar, para que estos sesgos nos afecten lo menos posible en nuestro proceso de percepción, interpretación y en nuestra toma de decisiones.

Conocer los sesgos, su origen, así como sus consecuencias nos permite pensar mejor, ser más eficientes en nuestras decisiones. Su conocimiento nos permite estar mejor adaptados a los tiempos modernos, poseer herramientas para navegar con solvencia las aguas turbulentas actuales. Simplemente con conocer la existencia de los sesgos permite un gran cambio, y te coloca en una posición ventajosa frente a la mayoría que los desconoce.

Pero quizás, seas de esas personas que piensan que eres totalmente racional, y que es imposible que tu racionalidad se vea afectada por este tipo de sesgos. Si tú eres de este tipo de personas, déjame presentarte nuestro primer sesgo, el sesgo de punto ciego. Este sesgo es un fenómeno psicológico que describe la tendencia de las personas a reconocer fácilmente los sesgos cognitivos en los demás, pero tienen dificultades para reconocerlos en sí mismos. Es decir, somos capaces de identificar sesgos en el pensamiento de otras personas, pero tenemos dificultades para reconocer esos mismos sesgos cuando los experimentamos personalmente.

Este sesgo se produce por la tendencia natural que tiene el ser humano a mantener una imagen positiva de sí mismo, lo que nos lleva a subestimar nuestros propios sesgos y errores. Esta autoimagen positiva actúa como una barrera que nos impide ver nuestras propias imperfecciones y debilidades. Además, estamos más familiarizados con nuestros propios pensamientos, emociones y motivaciones internas que con los de los demás. Esto puede hacer que sea más difícil para nosotros evaluar objetivamente nuestros propios procesos mentales y reconocer cuando estamos influenciados por sesgos cognitivos. Nuestra familiaridad con nuestro propio pensamiento puede crear una ilusión de objetividad, lo que nos lleva a creer que estamos viendo las cosas claramente cuando en realidad estamos siendo influenciados por sesgos invisibles.

Para contrarrestar los sesgos cognitivos, y este sesgo en particular, debemos estar dispuestos a cuestionar nuestras propias creencias y suposiciones, a examinar críticamente nuestro propio pensamiento en busca de sesgos, a buscar la perspectiva de otros y estar abiertos a recibir retroalimentación sobre nuestro pensamiento y comportamiento, pero sobre todo, a leer libros como este, donde el conocimiento de los diferentes sesgos nos permiten tener una menor desviación en nuestro proceso mental, lo que, indudablemente, nos llevara a un mejor procesamiento de la información, y una mejora en la toma de decisiones.

La presencia de los sesgos cognitivos en la mente humana parece ser un legado evolutivo que se remonta a nuestros ancestros prehistóricos. Durante la evolución, nuestros antepasados se enfrentaron a numerosas amenazas y desafíos en su entorno, y desarrollaron sistemas de procesamiento mental que les permitieron tomar decisiones rápidas y adaptativas para sobrevivir en un mundo hostil y cambiante.

Sin embargo, a pesar de su utilidad en el pasado, los sesgos cognitivos pueden llevar a decisiones erróneas en el mundo moderno, donde las amenazas y los desafíos son diferentes a los que tuvieron que enfrentar nuestros antepasados. La rápida evolución tecnológica y social ha creado nuevas formas de riesgo y complejidad, que a menudo requieren un análisis más cuidadoso y reflexivo para tomar decisiones informadas.

Vivimos en una era de avances tecnológicos y cambios rápidos que desafían constantemente nuestra capacidad para adaptarnos. En el centro de esta revolución se encuentra nuestro cerebro, una maravilla de la evolución que, sin embargo, no ha evolucionado al mismo ritmo que la tecnología que ha creado. Este desfase entre la velocidad de cambio de nuestro entorno y la adaptabilidad de nuestro cerebro ha dado lugar a una serie de desafíos cognitivos que afectan la forma en que pensamos, tomamos decisiones y nos relacionamos con el mundo que nos rodea. Los sesgos cognitivos son una manifestación de esta brecha entre la evolución biológica y la innovación tecnológica.

A medida que la tecnología continúa avanzando a pasos agigantados, nos enfrentamos a una creciente complejidad en todos los aspectos de nuestra vida, desde la economía y la política hasta la salud y el medio ambiente. Esta complejidad exacerbada por la brecha entre la evolución biológica y la innovación tecnológica nos coloca en una posición única y desafiante, donde los sesgos cognitivos pueden influir en nuestras decisiones de formas sutiles pero significativas.

Sin embargo, no todo está perdido. Tú tienes la llave, a través de la educación, la conciencia y la práctica deliberada, puedes aprender a reconocer y contrarrestar estos sesgos, permitiéndote tomar decisiones más informadas y adaptarte más eficazmente a un mundo en constante cambio.

Así pues, ¡Bienvenido al fascinante mundo de los sesgos cognitivos!

CAPÍTULO 1:
SESGOS DE PERCEPCIÓN Y ATENCIÓN

Los sesgos de percepción y atención son influencias cognitivas que moldean la forma en que percibimos y procesamos la información del entorno. Estos sesgos pueden afectar la manera en que interpretamos lo que observamos y en qué nos enfocamos, contribuyendo así a nuestra comprensión del mundo que nos rodea.

LA LIMITACIÓN DE LA MENTE (SESGO DE ATENCIÓN)

El otro día me encontraba dando un paseo por un parque, cuando detrás mía, una persona empezó a llamar a alguien. Yo en seguida me gire ya que el nombre que gritaba era el mío. Me di cuenta instantáneamente que no se refería a mí, sin embargo, yo ya había prestado atención a lo ocurrido. Esto me hizo pensar lo fácil que es caer en el sesgo de atención, incluso cuando tienes totalmente decidido no hacerlo.

El sesgo de atención es un fenómeno psicológico intrínseco a la naturaleza humana que refleja nuestra capacidad limitada para procesar y absorber toda la información que nos rodea. Nuestro cerebro, con el fin de lidiar con la sobrecarga de estímulos perceptivos que enfrentamos constantemente, desarrolla mecanismos para seleccionar y priorizar ciertos elementos mientras descarta otros. Este proceso de selección se realiza de manera inconsciente y automática en muchas situaciones de la vida cotidiana.

Cuando estamos expuestos a múltiples estímulos simultáneamente, nuestro cerebro filtra y dirige nuestra atención hacia aquellas señales que considera más relevantes o importantes en función de nuestros intereses, experiencias previas, metas y emociones. Este proceso selectivo puede ser útil para centrar nuestra atención en tareas específicas y facilitar la toma de decisiones en entornos complejos. Sin embargo, también puede llevar a sesgar nuestra percepción de la realidad al ignorar información relevante que no se alinea con nuestras expectativas o creencias preexistentes.

Este sesgo puede manifestarse de diversas formas en diferentes contextos. Por ejemplo, en el ámbito de la atención visual, el fenómeno conocido como "ceguera por falta de atención" demuestra cómo las personas pueden pasar por alto eventos inesperados o cambios significativos en su entorno cuando están concentradas en una tarea específica. En el ámbito social, el sesgo de atención puede influir en la forma en que percibimos a los demás, dirigiendo nuestra atención hacia ciertos rasgos o comportamientos mientras ignoramos otros, lo que puede llevar a juicios sesgados o estereotipados.

Este sesgo puede tener importantes implicaciones en la toma de decisiones, ya que nuestra percepción sesgada del mundo puede influir en las opciones que consideramos y en cómo evaluamos las consecuencias de nuestras acciones. Por ejemplo, si ignoramos información relevante debido a nuestro sesgo de atención, es posible que tomemos decisiones basadas en una comprensión incompleta o distorsionada de la situación, lo que puede llevar a resultados subóptimos o incluso perjudiciales.

EL EXPERIMENTO DEL GORILA

El clásico experimento del gorila en el baloncesto, realizado por los psicólogos Daniel Simons y Christopher Chabris en la década de 1990, es un ejemplo paradigmático de este fenómeno. En este experimento, los participantes son instruidos para contar los pases de balón realizados por un equipo en un video de un juego de baloncesto. Mientras están concentrados en esta tarea, un personaje disfrazado de gorila camina a través de la escena, pero sorprendentemente, muchos participantes no se dan cuenta de su presencia.

Este fenómeno revela la capacidad de nuestra atención para filtrar selectivamente la información, incluso cuando se trata de eventos inesperados o llamativos. Cuando nuestra atención está estrechamente enfocada en una tarea específica, nuestro cerebro puede suprimir la percepción de estímulos que no son relevantes para esa tarea, incluso si esos estímulos son visualmente obvios.

El experimento del gorila destaca la importancia de ser conscientes de nuestros propios sesgos perceptivos y la limitación inherente de nuestra atención. Aunque podemos creer que somos observadores atentos y perceptivos, este experimento demuestra que nuestra atención puede ser engañosa y que podemos pasar por alto información relevante si no estamos conscientes de nuestros propios sesgos. Si no somos capaces de ver pasar un hombre disfrazado de mono entre jugadores de baloncesto, imagínate cuanta información nos estamos perdiendo.

CONSERVACIÓN DE ENERGÍA

El sesgo de atención, como muchos otros fenómenos psicológicos, tiene sus raíces en la compleja interacción entre la estructura y función del cerebro humano, junto con una variedad de factores cognitivos y ambientales. Este sesgo puede ocurrir por varias razones, cada una de las cuales arroja luz sobre cómo funciona nuestra mente y cómo percibimos el mundo que nos rodea.

En primer lugar, la limitada capacidad de procesamiento de la información del cerebro humano desempeña un papel fundamental en la aparición del sesgo de atención. Aunque nuestro cerebro es increíblemente poderoso, también tiene sus límites en términos de cuánta información puede procesar simultáneamente. Dado que somos bombardeados constantemente con una gran cantidad de estímulos sensoriales, nuestro cerebro necesita filtrar selectivamente esta información para evitar la sobrecarga cognitiva. En este sentido, el sesgo de atención actúa como un mecanismo de defensa psicológico para ayudarnos a mantenernos enfocados en lo que consideramos más relevante en un momento dado.

Además, la necesidad de priorizar ciertos estímulos sobre otros también está relacionada con la eficiencia cognitiva. Nuestro cerebro está diseñado para conservar energía y recursos cognitivos, por lo que tiende a enfocarse en la información que percibe como más relevante para sus objetivos o metas actuales. Esto significa que, incluso si hay información periférica que podría ser importante, nuestro cerebro puede pasar por alto estos estímulos en favor de aquellos que considera más pertinentes para la tarea en curso.

Otro factor que contribuye al sesgo de atención es la influencia de nuestras expectativas previas, intereses personales y sesgos cognitivos. Nuestra percepción del mundo está moldeada por nuestras experiencias pasadas, creencias y predisposiciones individuales. Como resultado, tendemos a prestar atención a la información que confirma nuestras expectativas preexistentes o que está alineada con nuestros intereses personales. Por ejemplo, si alguien tiene una fuerte creencia en una teoría específica, es más probable que preste atención a la evidencia que respalda esa teoría y pase por alto la evidencia que la contradice.

CONCIENCIA PLENA Y ATENCIÓN CONSCIENTE

El sesgo de atención puede llevarnos a prestar atención selectivamente a ciertos estímulos o información mientras ignoramos otros, incluso si son igualmente relevantes. Esto puede limitar nuestra capacidad para percibir de manera completa y precisa el entorno que nos rodea. También, podemos perder detalles importantes o eventos inesperados que ocurren a nuestro alrededor. Esto puede llevar a una toma de decisiones incompleta o basada en información parcial.

Incluso, puede distorsionar nuestra percepción de la realidad al influir en cómo interpretamos la información que recibimos. Nuestras creencias preexistentes o expectativas pueden sesgar nuestra atención hacia ciertos aspectos de una situación y distorsionar nuestra interpretación de los eventos.

Para cambiar el sesgo de atención y mejorar nuestra capacidad para percibir el mundo de manera más objetiva y completa, es esencial cultivar la conciencia plena y la atención consciente. La conciencia plena implica estar completamente presente en el momento actual, observando nuestros pensamientos, emociones y sensaciones sin juzgar. La atención consciente, por otro lado, implica dirigir nuestra atención de manera deliberada a los estímulos presentes en nuestro entorno, sin distraernos con pensamientos o preocupaciones irrelevantes.

Una forma de practicar la conciencia plena y la atención consciente es a través de la meditación. Durante la meditación, podemos entrenar nuestra mente para estar más atentos a nuestros patrones de pensamiento y percepción, y desarrollar una mayor claridad mental y emocional. Al aprender a observar nuestros pensamientos y emociones sin identificarnos con ellos, podemos reducir la influencia de los sesgos cognitivos en nuestra percepción y toma de decisiones.

Además, es importante estar abiertos a la posibilidad de que la información relevante pueda provenir de fuentes inesperadas. A menudo, estamos tan enfocados en buscar confirmación de nuestras creencias preexistentes que pasamos por alto información valiosa que contradice nuestras ideas preconcebidas. Al adoptar una actitud de apertura y curiosidad hacia nuevas ideas y perspectivas, podemos ampliar nuestra visión del mundo y mejorar nuestra capacidad para tomar decisiones informadas y objetivas.

La exposición deliberada a una variedad de perspectivas también puede ayudar a ampliar nuestra atención y reducir la influencia de los sesgos en nuestras percepciones y decisiones. Al exponernos a diferentes puntos de vista, culturas y experiencias, podemos desafiar nuestros prejuicios y suposiciones, y desarrollar una comprensión más completa y matizada del mundo que nos rodea.

IGNORANDO CIERTA INFORMACIÓN (PERCEPCIÓN SELECTIVA)

El otro día me paso una cosa muy curiosa. Mientras hablaba con un amigo empezamos a contar curiosidades de uno de nuestros últimos viajes. Mientras narraba las anécdotas me di cuenta de que había cosas que yo no me acordaba o simplemente las recordaba de otra manera. Además, cuando yo aporte mis propios recuerdos también ocurrió algo parecido y es que mi amigo tenía recuerdos algo distintos a los míos. Aunque en los puntos más destacados nuestras versiones eran idénticas, encontramos ciertos puntos de desencuentro en cuanto a la manera de recordar nuestro último viaje. Estábamos sufriendo el sesgo de percepción selectiva.

La percepción selectiva se refiere a cómo filtramos y organizamos la información que recibimos a través de nuestros sentidos. Es el proceso mediante el cual seleccionamos ciertos estímulos para prestarles atención mientras ignoramos otros. Este proceso está influenciado por nuestros intereses, creencias y experiencias previas. Por ejemplo, si creemos firmemente en una idea política, es probable que percibamos información que respalde esa idea mientras ignoramos la que la contradiga.

Su relación con el sesgo de atención es estrecha, pero a diferencia de esta, la percepción selectiva ocurre en una etapa posterior. Es como si el sesgo de atención realizará un filtro de la información y la percepción selectiva distorsiona la información ya filtrada. Así pues, mientras que la percepción selectiva se refiere al proceso general de seleccionar y organizar información perceptiva de acuerdo con nuestros intereses y creencias, el sesgo de atención se enfoca específicamente en la tendencia a prestar atención selectiva a ciertos estímulos mientras ignoramos otros. Para que se entienda mejor, la percepción selectiva es un proceso más amplio que abarca cómo procesamos la información, mientras que el sesgo de atención es un aspecto específico de ese proceso, enfocado en cómo dirigimos nuestra atención.

VEMOS LO QUE QUEREMOS

El estudio de Hastorf y Cantril llevado a cabo en 1951, se centró en un partido de fútbol americano en el que se enfrentaban dos clubes emblemáticos, los Indios de Dartmouth y los Tigres de Princeton. Este partido, en particular, fue notable debido a las numerosas faltas y lesiones graves que ocurrieron durante el juego. Por ejemplo, el jugador más importante de Princeton tuvo que retirarse porque le rompieron la nariz. Así mismo, uno de los más importantes jugadores de Dartmouth también tuvo que suspender su participación porque los rivales le fracturaron una pierna.

Para llevar a cabo su investigación, Hastorf y Cantril distribuyeron cuestionarios a los estudiantes de ambas universidades, pidiéndoles que dieran sus opiniones sobre el partido. Los cuestionarios incluían preguntas sobre las faltas cometidas por ambos equipos, las lesiones sufridas por los jugadores y la agresividad percibida de cada equipo.

Las respuestas entre ambas universidades fueron totalmente diferentes. Por ejemplo, una de las preguntas se refería a cuál de los dos equipos había iniciado el juego violento. Frente a esta cuestión, el 86 % de los estudiantes de Princeton señalaron que habían sido los de Dartmouth. A su vez, el 53 % de los estudiantes de Dartmouth dijeron que habían sido los dos equipos a la vez quienes habían iniciado la violencia.

Por otro lado, mientras que solo el 42 % de los estudiantes de Dartmouth consideró que el juego había sido "rudo y sucio", el 93 % de los encuestados de Princeton hizo esa valoración. En cuanto a la cantidad de faltas, los estudiantes de Princeton estimaron que Dartmouth había violado el doble de veces las reglas que su equipo, mientras, como era de esperar, los de Dartmouth hicieron una valoración opuesta.

Estos resultados mostraron, de manera clara, la percepción radicalmente diferente entre ambos estudiantes de las dos universidades. Se demostró que los estudiantes de Dartmouth tendían a minimizar la gravedad de las faltas cometidas por su equipo y justificarlas, mientras que los estudiantes de Princeton percibían las faltas como más graves y veían a los jugadores de Dartmouth como más agresivos.

Además, los estudiantes de ambas universidades recordaban el partido de manera diferente. Los estudiantes de Dartmouth recordaban más positivamente las jugadas en las que su equipo se destacaba, mientras que los estudiantes de Princeton recordaban las jugadas en las que su equipo estaba en desventaja o sufría lesiones.

Estos resultados resaltaron la naturaleza subjetiva de la percepción y el recuerdo de los eventos, mostrando cómo nuestras experiencias previas, lealtades y actitudes pueden influir en la forma en que interpretamos y recordamos eventos específicos.

¿CÓMO ES EL PROCESO HACIA LA PERCEPCIÓN SELECTIVA?

Si analizamos conjuntamente el sesgo de atención y la percepción selectiva, podemos recorrer los pasos en los que la información es recogida y procesada por las personas.

En primer lugar, nuestro cerebro recibe una gran cantidad de estímulos sensoriales en todo momento. Sin embargo, no podemos prestar atención a todos estos estímulos al mismo tiempo, ya que nuestra capacidad de atención es limitada. Por lo tanto, nuestro cerebro selecciona ciertos estímulos para procesar de manera más detallada y consciente, mientras que otros se ignoran o procesan de manera más superficial. Es en este momento cuando caemos en el sesgo de atención, ya que, de manera inconsciente, en la mayoría de las ocasiones, hemos desechado información que seguramente sería relevante.

Una vez que hemos seleccionado ciertos estímulos para prestarles atención, nuestro cerebro aplica una serie de filtros perceptivos basados en nuestras creencias, valores, experiencias previas y expectativas. Es aquí, donde entra en juego la percepción selectiva que provoca una distorsión de la información recogida, lo que afecta a nuestra interpretación, lo que puede llevarnos a percibir los estímulos de manera sesgada y distorsionada.

Uno de los aspectos más destacados de la percepción selectiva es el sesgo de confirmación, que veremos más adelante. Esto significa que tendemos a prestar más atención y dar más crédito a la información que confirma nuestras creencias preexistentes, mientras que ignoramos o descartamos la información que las contradice, incluso recordamos mejor la información que se alinea con nuestras creencias y experiencias previas, mientras que tendemos a olvidar o distorsionar la información que no encaja con nuestras ideas preconcebidas. Esto influye en cómo recordamos eventos pasados y en la formación de nuestra identidad y autoconcepto.

CONEXIONES FALSAS (SESGO DE ASOCIACIÓN VISUAL)

Hace unos días fui a un restaurante con mi hermano. Le habían dicho de un restaurante antiguo donde la calidad de la comida era excelente y a buenos precios. Cuando llegamos a la puerta nuestra sorpresa fue mayúscula. Nunca habíamos visto un restaurante con una pinta tan cutre. Tras unos breves momentos de confusión, finalmente, decidimos entrar. Fue uno de los mejores restaurantes que he probado, un diamante escondido dentro de un mojón. Me di cuenta de que la asociación visual es más común de lo que pensamos.

El sesgo de asociación visual es un fenómeno fascinante que revela cómo nuestra mente tiende a crear conexiones significativas entre elementos simplemente debido a su proximidad física o asociación visual, incluso cuando no existe una relación causal real entre ellos. Este sesgo nos muestra cómo nuestras percepciones pueden estar influenciadas por la forma en que percibimos el mundo a través de nuestros sentidos, en este caso, a través de la vista.

Un ejemplo claro de este sesgo es la asociación de colores con ciertas características o emociones. Por ejemplo, en muchas culturas, el color negro se asocia comúnmente con la autoridad, la formalidad o la seriedad, mientras que los colores brillantes como el amarillo o el naranja pueden asociarse con la alegría o la energía. Como resultado, podríamos inferir erróneamente que una persona vestida de negro es más seria o autoritaria que alguien vestido con colores brillantes, simplemente basándonos en estas asociaciones culturales.

Otro ejemplo que puede arrojar luz sobre este sesgo fue cuando en las pescaderías se empezó a comercializar el pescado presentado con cubitos de hielo, las ventas aumentaron considerablemente, ya que se percibía que el pescado estaba más fresco y, por tanto, era de mayor calidad.

Por otro lado, la investigación realizada por Betina Piqueras, investigadora de la "Universitat Politècnica de València", demostró que, si un postre rosa se sirve en un plato blanco, parece más dulce porque el blanco del fondo afecta la percepción del color del postre, haciéndole parecer de un rosa más intenso.

Hasta tal punto llega nuestra distorsión de la realidad, que nuestra mente nos engaña cuando cogemos una caja de color negro ya que nos parece más pesada que una caja de color blanco, aunque ambas pesen exactamente lo mismo.

EL ESTUDIO DE LAS LETRAS

En un estudio, los investigadores exploraron el impacto de la similitud fonética entre letras del alfabeto en la percepción visual de formas.

Para llevar a cabo su investigación, diseñaron experimentos en los que los participantes fueron expuestos a pares de letras del alfabeto que tenían similitudes fonéticas, como "B" y "V", y pares que no compartían similitudes fonéticas, como "B" y "X". Durante los experimentos, los participantes fueron instruidos para evaluar la similitud visual entre las letras presentadas. Los resultados revelaron consistentemente que las letras que compartían similitudes fonéticas eran percibidas como más similares visualmente, incluso cuando las formas no estaban relacionadas o eran visualmente distintas. Este fenómeno se observó tanto en tareas de comparación directa como en tareas de clasificación de letras.

Estos hallazgos sugieren que las asociaciones lingüísticas, en este caso, las similitudes fonéticas entre letras del alfabeto pueden influir significativamente en la percepción visual de formas. Este estudio ilustra cómo el sesgo de asociación visual puede afectar nuestra interpretación de estímulos visuales, incluso cuando la similitud no es intrínseca a las características visuales de los estímulos presentados.

LA VIDA COMO UNA SECUENCIA DE ASOCIACIONES

El sesgo de asociación visual tiene sus raíces en cómo funciona el cerebro humano en el procesamiento de la información visual y en la formación de conexiones entre estímulos visuales y conceptos asociados.

Según la teoría de la Gestalt, desarrollada por psicólogos alemanes a principios del siglo XX, los seres humanos perciben el mundo en términos de patrones organizados y estructuras significativas en lugar de simples colecciones de partes individuales. En el contexto del sesgo de asociación visual, la teoría de la Gestalt explica cómo nuestro cerebro organiza y agrupa elementos visuales cercanos unos con otros. También, agrupamos los elementos que comparten características similares, como forma, tamaño, color o textura. Incluso cuando se presentan elementos incompletos o parcialmente ocultos, tendemos a percibir la forma completa, llenando los vacíos perceptuales. Además, percibimos las líneas y curvas como continuas, incluso si están interrumpidas por otros elementos.

Por otro lado, cuando se presentan estímulos visuales cercanos entre sí, se activan simultáneamente las redes neuronales que representan conceptos o ideas asociadas con esos estímulos. Por ejemplo, al ver la letra "A", las redes neuronales asociadas con conceptos como "alfabeto" o "letra" también pueden activarse. Esta activación simultánea puede influir en la percepción de la forma visual de la letra "A" y hacer que parezca más similar a otras letras asociadas fonéticamente, como hemos visto en el ejemplo anteriormente mencionado.

Además, nuestra experiencia previa y nuestras asociaciones culturales también pueden influir en cómo percibimos los estímulos visuales. Por ejemplo, si estamos expuestos a ciertas asociaciones entre colores y conceptos desde una edad temprana, estas asociaciones pueden afectar nuestra percepción visual en el futuro. Este proceso puede estar relacionado con la plasticidad neuronal y la modulación de las conexiones sinápticas en el cerebro.

TU TAMBIÉN CAES EN EL SESGO DE ASOCIACIÓN VISUAL

Debido a su complejidad, todos los seres humanos tienden a "dejarse" engañar por su vista. Cuando percibimos una asociación visual entre dos elementos cercanos, podemos asumir automáticamente que hay una relación significativa entre ellos, incluso si no la hay. Esto puede llevarnos a malinterpretar la información y a tomar decisiones basadas en conexiones falsas.

Además, este sesgo puede influir en cómo percibimos el mundo que nos rodea. En anuncios publicitarios, es común utilizar asociaciones visuales para influir en las percepciones de los consumidores. Por ejemplo, un anuncio de pasta de dientes podría mostrar un dentista con bata blanca y sonrisa brillante cerca del producto, lo que sugiere una asociación entre el producto y la recomendación de un profesional de la salud dental, aunque el dentista ni siquiera este utilizando ese producto.

El sesgo de asociación visual también puede contribuir a la formación de prejuicios y estereotipos al asociar ciertos elementos visuales con características o atributos específicos. Por ejemplo, podríamos asociar inconscientemente la apariencia física de una persona con ciertas cualidades de personalidad, lo que puede llevar a la discriminación y la injusticia.

COMBATE EL SESGO DE ASOCIACIÓN VISUAL

El primer paso para combatir cualquier sesgo es ser consciente de su existencia. Al reconocer el sesgo de asociación visual, podemos estar más alerta y ser más críticos ante las asociaciones visuales automáticas que percibimos.

Una vez somos conscientes de que nuestra vista nos puede engañar, debemos cambiar nuestra mirada, y la perspectiva con que miramos a las cosas. Es importante cuestionar todas las asociaciones visuales que realizamos para entender si son válidas y relevantes. Se trata de un ejercicio de consciencia, y de una lucha constante contra nuestro inconsciente, que se dedica a realizar agrupaciones de manera automática. Se trata de una tarea compleja, y esta es la razón por la que somos tan propensos en distorsionar la realidad, a través de este tipo de sesgos.

EXPERIENCIAS PASADAS (EFECTO CONTRASTE)

Mientras miraba las estanterías del supermercado, llenas de alimentos, intentando aclararme con el menú de la semana, me encontré con una antigua profesora de mi antiguo instituto. Estaba haciendo la compra como yo, y enseguida nos reconocimos. Empezamos a hablar, y tras una breve conversación para ponernos al día, me comentó que todavía se acordaba de lo bien que se me daban las matemáticas. Me sentí sorprendido por su afirmación, pues siempre fui un estudiante más bien mediocre. De vuelta a casa caminando no pude dejar de pensar en su comentario, y llegué a la conclusión de que como el resto de los alumnos de mi clase suspendían los exámenes de matemáticas, yo con mi nota final de un seis, le debí parecer un estudiante muy bueno.

Este error de juicio es el denominado efecto contraste, un fenómeno psicológico que revela cómo nuestras percepciones pueden ser moldeadas por experiencias pasadas. Se manifiesta cuando evaluamos un estímulo en función de la comparación con otros. En otras palabras, la magnitud o características de un objeto o situación particular pueden estar distorsionadas por nuestra experiencia previa con estímulos diferentes.

Un ejemplo clásico de este efecto es la percepción del tamaño de un objeto. Si observamos un objeto de tamaño medio después de haber visto uno más grande, tendemos a percibir el objeto de tamaño medio como más pequeño de lo que realmente es. Esta distorsión en la percepción se debe a que nuestro cerebro compara activamente el objeto actual con el anterior, lo que influye en nuestra evaluación subjetiva de su magnitud.

CUIDADO CON LAS COMPARACIONES

Este sesgo puede ocurrir en múltiples situaciones, y suele estar motivado por la comparación entre dos objetos, situaciones o experiencias:

- Cuando vemos un artículo costoso después de haber visto uno aún más caro, es probable que lo percibamos más asequible de lo que realmente es.

- Después de sumergirnos en una piscina fría, el agua templada puede sentirse mucho más cálida de lo que lo haría si nos hubiéramos sumergido directamente.

- Si una persona realiza una tarea difícil después de haber completado una tarea aún más difícil, esta tarea puede parecer más fácil de lo que realmente es debido al contraste con la tarea anterior.

- Al presentar un producto de gama media antes de uno de gama alta, el segundo puede parecer más lujoso y atractivo en comparación.

En la década de 1920, el psicólogo Adhémar Gelb se embarcó en una exploración que cambiaría nuestra comprensión de cómo percibimos el mundo que nos rodea. Fascinado por los misterios de la percepción, Gelb comenzó a investigar cómo el contexto puede influir en la forma en que vemos y comprendemos los objetos y situaciones que nos rodean.

Durante sus estudios, Gelb notó un patrón intrigante: la percepción de un objeto no era estática ni aislada, sino que estaba profundamente influenciada por el contexto en el que se presentaba. Este fenómeno capturó su atención y lo llevó a investigar más a fondo. Sus experimentos revelaron un principio fundamental: cuando un objeto se veía en comparación con otro objeto, la percepción de sus características, como tamaño, color o valor, podía alterarse significativamente.

Este descubrimiento marcó el nacimiento del efecto contraste en la psicología experimental. Desde entonces, el fenómeno ha sido ampliamente estudiado y confirmado por numerosos investigadores en el campo de la percepción visual. Estos estudios han profundizado nuestra comprensión de cómo nuestro cerebro procesa e interpreta la información sensorial, revelando cómo nuestras percepciones están moldeadas por el entorno y las experiencias previas.

¿QUÉ PASA CON NUESTRAS EMOCIONES?

El estudio realizado por Isen y Levin, consiguió arrojar luz sobre el fenómeno del efecto contraste en la percepción emocional. Este estudio se diseñó cuidadosamente para investigar cómo la exposición a estímulos emocionales previos afecta la forma en que percibimos y evaluamos eventos neutros o emocionalmente ambiguos.

En este experimento, los participantes fueron expuestos a una serie de imágenes neutrales que debían valorar. Tras estas imágenes, comenzaba realmente el experimento, y a los participantes se les mostró imágenes con carga emocional significativa, ya fuera positiva o negativa. Tras esta secuencia de imágenes, se les pidió a los participantes que evaluaran una serie de estímulos neutros, parecidos a las primeras imágenes mostradas. Los resultados obtenidos fueron intrigantes y revelaron un patrón claro: los participantes tendían a juzgar los estímulos neutros de manera diferente dependiendo de si habían sido precedidos por imágenes positivas o negativas.

En concreto, los estímulos neutros fueron percibidos como más positivos después de haber sido precedidos por imágenes negativas, y como más negativos después de haber sido precedidos por imágenes positivas. Este cambio en la evaluación de los estímulos neutros indicó claramente un efecto de contraste en la percepción emocional.

Ahora bien, ¿por qué es tan significativo este hallazgo? La realidad es que estos hallazgos nos ofrecen una visión fascinante de cómo nuestras experiencias emocionales previas pueden influir en nuestra percepción y evaluación del mundo que nos rodea. El efecto contraste en la percepción emocional sugiere que nuestras emociones actuales están moldeadas por el contraste con nuestras emociones pasadas. Esta dinámica puede tener implicaciones profundas en nuestra toma de decisiones, comportamiento social y bienestar emocional.

LA CULPA LA TIENEN NUESTROS RECEPTORES SENSORIALES

A nivel cerebral, este fenómeno está relacionado con la forma en que se codifica y se interpreta la información sensorial en diferentes áreas del cerebro, especialmente en las regiones responsables de la percepción y el procesamiento visual. Cuando experimentamos el efecto contraste, nuestro sistema perceptivo se adapta a los estímulos presentados previamente, lo que influye en cómo percibimos los estímulos siguientes. Por ejemplo, si vemos un estímulo de alta intensidad, como un color muy brillante, nuestros receptores sensoriales pueden adaptarse a esa estimulación, lo que hace que percibamos estímulos menos intensos como más débiles o menos llamativos.

Además, una vez que la información sensorial ingresa al cerebro, es procesada en áreas corticales específicas que son responsables de interpretar y codificar esa información. La comparación entre diferentes estímulos puede ocurrir en estas áreas corticales, donde se evalúa la diferencia de un estímulo a otro en términos de características como el color, la forma o la intensidad.

TÓMATE TU TIEMPO

El efecto contraste puede distorsionar nuestras evaluaciones y percepciones de objetos, personas o situaciones. Por ejemplo, si vemos un producto después de haber visto otro similar, pero de mayor calidad, es posible que lo percibamos como de menor calidad de lo que realmente es, simplemente porque estamos comparándolo con un estándar más alto.

También puede influir en cómo percibimos la magnitud de ciertos atributos, como el tamaño, el brillo o el peso. Por ejemplo, si sostenemos un objeto pesado después de haber sostenido uno más ligero, es probable que percibamos el objeto pesado como aún más pesado de lo que realmente es debido a la comparación con el objeto más ligero previamente experimentado.

En el caso del efecto contraste emocional, nuestras respuestas emocionales pueden verse influenciadas por experiencias previas. Por ejemplo, si experimentamos una emoción negativa intensa seguida de una emoción menos intensa pero aún negativa, es posible que percibamos esta última como más positiva en comparación con la anterior, aunque objetivamente pueda ser negativa.

Todo esto nos afecta a la hora de tomar decisiones, ya que durante este proceso hemos podido utilizar la comparativa, lo que nos va a llevar, ineludiblemente, al efecto contraste. Esto no quiere decir que no podamos hacer comparaciones como método para tomar decisiones, ya que sería difícil tomar una decisión sin realizar este tipo de comparaciones, lo que quiere decir es que debemos dejar un tiempo prudencial entre comparaciones, y ser conscientes de que podemos estar viéndonos afectados por este tipo de sesgo.

OTROS SESGOS DE PERCEPCIÓN Y ATENCIÓN

EFECTO DE VON RESTORFF

El Efecto de Von Restorff es un fenómeno psicológico que revela mucho sobre cómo funciona nuestra memoria y percepción. Hedwig Von Restorff, una psicóloga alemana, descubrió este efecto en la década de 1930 mientras investigaba sobre la memoria y cómo procesamos la información. Estableció que cuando hay varios objetos similares presentes, es más probable que se recuerde el que difiere del resto.

Imagina que estás leyendo una lista de palabras y la mayoría están escritas en negro, pero una está resaltada en rojo. Cuando más tarde te piden que recuerdes las palabras de la lista, es mucho más probable que recuerdes la palabra escrita en rojo que las otras palabras escritas en negro. Esta diferencia en la memorización se debe al efecto de singularidad: la palabra en rojo se destaca del resto y llama más tu atención, lo que facilita su almacenamiento en la memoria a largo plazo.

Este fenómeno se puede observar en muchas situaciones de la vida cotidiana como, por ejemplo, en una presentación visual, donde es probable que recuerdes las imágenes que son inusuales o distintivas en comparación con las que son comunes o similares entre sí. Del mismo modo, cuando escuchas una serie de historias, es más probable que recuerdes la que tiene un final sorprendente o inesperado.

La razón detrás de este efecto radica en cómo funciona nuestra memoria. Nuestro cerebro está diseñado para prestar más atención a los estímulos que se destacan del entorno, ya que son potencialmente más relevantes o importantes para nuestra supervivencia. Esto significa que somos más propensos a recordar la información que es única o inusual, ya que nuestro cerebro la considera más significativa y digna de recordar.

Este efecto es muy útil para múltiples contextos como la enseñanza y la presentación de información, hasta el diseño de productos y la publicidad. Al resaltar elementos clave o hacer que ciertos aspectos sean más distintivos, podemos mejorar la retención y el recuerdo de la información.

Sin embargo, también es importante tener en cuenta que este efecto nos puede afectar al ser dirigidos malintencionadamente sobre los intereses de terceros, y distorsionar de esta manera nuestra percepción y memoria, justificación suficiente para resaltar la importancia que tiene ser conscientes de como procesamos la información, y de los sesgos que pueden alterar nuestra percepción de la realidad.

SESGO DE INFORMACIÓN

El sesgo de información es un fenómeno cognitivo que describe la tendencia de las personas a buscar y valorar información incluso cuando esta no tiene relevancia para la toma de decisiones. Este sesgo puede llevar a una sobrevaloración de la importancia de la información y a una sensación de seguridad errónea basada en la cantidad de datos recopilados.

Por ejemplo, imaginemos a alguien que está considerando comprar un nuevo teléfono móvil. Aunque ya ha investigado y comprendido las características esenciales que necesita, sigue buscando reseñas y opiniones sobre modelos adicionales que están fuera de su presupuesto o no cumplen con sus requisitos básicos. Esta búsqueda adicional de información no influye en su decisión final, pero el individuo puede sentir que, al tener más datos, su elección será más informada y acertada.

Este sesgo en lugar de ayudar, en la mayoría de los casos se vuelve contraproducente, ya que, si la información conlleva aumentar las variables a analizar, podemos caer en la parálisis por análisis, es decir, la tendencia del ser humano a bloquearse cuando el nivel de información es tan elevado que la persona queda abrumada, lo que resulta en una incapacidad para tomar una decisión.

EFECTO DE PERCEPCIÓN AMBIENTAL

El efecto de percepción ambiental es un fenómeno fascinante que pone de manifiesto la profunda influencia que tiene el entorno físico en nuestras actitudes y comportamientos. Este efecto va más allá de los factores genéticos y educativos, demostrando que el entorno en el que nos encontramos puede moldear nuestra percepción del mundo y la forma en que nos comportamos en él.

Por ejemplo, en un vecindario donde las calles están llenas de basura, los edificios están en mal estado y hay una falta de espacios verdes, es más probable que los residentes adopten actitudes de indiferencia hacia el cuidado del entorno, es decir, se manifiestan comportamientos vandálicos, como grafitis en las paredes, vandalismo en el mobiliario urbano o incluso delitos más graves.

Incluso en criminología, existe la teoría de las "ventanas rotas" que sostiene que los signos visibles de la delincuencia, el comportamiento antisocial y los disturbios civiles crean un entorno urbano que fomenta la delincuencia y el desorden, incluidos los delitos graves. La teoría sugiere que los métodos policiales que se centran en atacar los delitos menores, como el vandalismo, la vagancia, el consumo de alcohol en público, el cruce incorrecto de peatones y la evasión de tarifas, ayudan a crear una atmósfera de orden y legalidad.

CAPÍTULO 2:
SESGOS DE TOMA DE DECISIONES Y JUICIO

Los sesgos de toma de decisiones y juicio son patrones sistemáticos de pensamiento que pueden influir en nuestras decisiones y evaluaciones. Estos sesgos pueden distorsionar nuestra percepción de la información, lo que lleva a juicios incorrectos o decisiones subóptimas. A menudo, surgen debido a atajos mentales que nuestro cerebro utiliza para procesar la información de manera más eficiente, pero que pueden llevar a errores cuando se aplican a situaciones complejas o ambiguas, teniendo un impacto significativo en nuestras vidas personales y profesionales.

EL PUNTO DE PARTIDA (EFECTO DE ANCLAJE)

Era el mes de enero y, de nuevo, ya estaban las rebajas otro año más. Así que fui al centro comercial, a un horario razonable para no encontrarme con los millones de personas que acuden en masa a las tiendas, en busca de un nuevo abrigo. Entre en una de las tiendas y de repente vi ese abrigo que había imaginado y encima rebajado. Su precio era alto incluso con rebajas, pero claro ya me había fijado en su precio original que era casi el doble, y ahora su precio rebajado ya no parecía tan caro. Como siempre, acababa de caer en el efecto anclaje.

Cuando nos enfrentamos a decisiones complejas, nuestro cerebro busca un punto de partida, un ancla, para simplificar el proceso. Ante la falta de información, nos aferramos a esta ancla, para posteriormente realizar los ajustes necesarios, según tengamos más información disponible.

Esta situación, da como lugar al efecto de anclaje, también conocido como anclaje y ajuste, un fenómeno psicológico bien documentado que afecta la toma de decisiones en una variedad de contextos. En general, se refiere a la tendencia de las personas a depender excesivamente de la primera información que reciben al tomar decisiones o hacer estimaciones, incluso cuando esta información inicial es irrelevante o inexacta. En esencia, el anclaje actúa como un punto de referencia que influye en la percepción y evaluación de la información posterior.

Un ejemplo clásico del sesgo de anclaje se encuentra en situaciones de negociación. Cuando se establece un precio inicial o una oferta, esta cifra tiende a "anclar" las expectativas y limitar el rango de posibles acuerdos. Por ejemplo, si una casa se valora inicialmente en un precio muy alto, los compradores pueden percibir cualquier descuento posterior como una ganga, a pesar de que el precio aún puede estar por encima del valor real de mercado. Del mismo modo, si un vendedor comienza con una oferta extremadamente baja, el comprador puede sentir que cualquier aumento en el precio es injustificado, incluso si el precio sigue siendo justo.

Si bien, el ejemplo más claro de este sesgo se produce en la compra-venta de acciones. Imagina que un inversor está considerando comprar acciones de una empresa tecnológica. Antes de tomar una decisión, consulta el precio de la acción durante los últimos seis meses y nota que ha estado fluctuando entre 50 y 60 dólares. Sin embargo, recuerda que hace un año, el precio de la acción estaba en 70 dólares. A pesar de la información más reciente sobre el rango de precios en los últimos seis meses, el inversor se ancla al precio más alto que observó hace un año, 70 dólares. Este precio más alto se convierte en un punto de referencia, y el inversor podría sentir que el precio actual de 55 dólares es una ganga en comparación. Como resultado, el inversor podría decidir comprar las acciones basándose exclusivamente en el histórico de precios sin considerar si los fundamentales de la compañía han cambiado.

El sesgo de anclaje puede influir en una amplia gama de situaciones, desde negociaciones salariales hasta decisiones de inversión y juicios legales. Incluso en casos donde la información inicial es claramente irrelevante, como puede ser la introducción de un número arbitrario, el anclaje aún puede influir en las percepciones y decisiones de las personas.

Este sesgo ocurre debido a varios mecanismos cognitivos. Uno de ellos es la tendencia de las personas a buscar puntos de referencia o marcos de referencia para ayudar en la toma de decisiones. Una vez que se establece un ancla, es difícil para las personas ajustar sus estimaciones o decisiones en función de la información nueva o más relevante. Además, las personas pueden sentir una especie de obligación psicológica de respetar el ancla inicial, lo que dificulta aún más la corrección de este sesgo.

LA INFLUENCIA DE LA PRIMERA IMPRESIÓN (AUNQUE SEA IRRELEVANTE)

El sesgo de anclaje fue un tema principal en una investigación pionera realizada en la década de 1970, por los psicólogos Amos Tversky y Daniel Kahneman. Estos investigadores llevaron a cabo una serie de experimentos ingeniosos que revelaron cómo la introducción de números arbitrarios o aleatorios como puntos de referencia podría influir en las decisiones de las personas, incluso cuando los sujetos eran conscientes de que los números eran irrelevantes para tomar la decisión en cuestión.

Uno de los experimentos clásicos realizados por Tversky y Kahneman para estudiar el sesgo de anclaje implicaba la presentación de números arbitrarios a los participantes antes de que realizaran una estimación. Por ejemplo, en un experimento, se les pedía a los participantes que giraran una rueda de la fortuna marcada con números del 0 al 100. Luego, se les hacía una pregunta que era completamente irrelevante con respecto a la rueda de la fortuna, como por ejemplo "¿Qué porcentaje de los países africanos son miembros de las Naciones Unidas?".

Los investigadores descubrieron que incluso cuando los participantes sabían que los números en la rueda de la fortuna eran completamente aleatorios y no tenían relación con la pregunta real, sus estimaciones estaban sesgadas por el número en el que la rueda de la fortuna había "aterrizado". Por ejemplo, aquellos que obtuvieron números más altos en la rueda tendían a hacer estimaciones más altas que aquellos que obtuvieron números más bajos, aunque, como estamos comentando, no había relación alguna entre los números de la rueda y la pregunta real.

Este experimento y otros similares revelaron cómo las personas son susceptibles al sesgo de anclaje incluso cuando son conscientes de su presencia. Este sesgo puede ocurrir debido a la tendencia de las personas a buscar puntos de referencia o marcos de referencia para ayudar a la toma de decisiones, y una vez que se establece un ancla, es difícil modificar y ajustar sus estimaciones o decisiones, incluso cuando existe nueva información más relevante que requiere un ajuste significativo de las estimaciones.

SOMOS MARIONETAS ANCLADAS

Ahora mismo podrías estar preguntándote: "vale, ya conozco este sesgo ¿cómo podría evitar que distorsione mi juicio cognitivo? Lo cierto es que no es tan fácil tener un control sobre este sesgo, ya que el subconsciente juega un papel protagonista en este sentido, y nuestro control se ve ciertamente limitado.

El fenómeno de la persistencia del efecto de anclaje a pesar de la conciencia sobre su presencia revela la complejidad y profundidad de este sesgo cognitivo. A pesar de que los individuos pueden reconocer racionalmente que un número arbitrario o punto de referencia inicial no debería influir en sus decisiones, la influencia subconsciente del anclaje puede persistir y afectar sus juicios posteriores.

Esta persistencia puede deberse a varios factores psicológicos. Uno de ellos es el proceso automático e inconsciente de procesamiento de información que ocurre en el cerebro humano. Incluso cuando las personas son conscientes de la presencia del anclaje, pueden no ser capaces de evitar que su mente subconsciente lo utilice como punto de referencia.

Además, el efecto de anclaje puede ser reforzado por el principio de la consistencia cognitiva, que sostiene que las personas tienden a buscar coherencia entre sus creencias y sus acciones. Una vez que se establece un anclaje, las personas pueden sentir una presión interna para mantenerse consistentes con ese punto de referencia inicial, incluso si reconocen que no tiene una base lógica sólida.

Por lo tanto, la persistencia del efecto de anclaje a pesar del conocimiento sobre su presencia destaca la importancia de implementar estrategias específicas para contrarrestarlo, sabiendo de antemano, que no será posible eliminarlo en su totalidad. Esto puede implicar el uso de técnicas de toma de decisiones conscientes, como la consideración deliberada de información adicional y la búsqueda de puntos de referencia alternativos, así como la práctica de la autoconciencia y el autocontrol para minimizar la influencia del anclaje en las decisiones cotidianas.

SI NO PUEDES CON TU ENEMIGO, ÚNETE A ÉL

Ahora bien, ya conocemos lo difícil que es estar libre de cualquier sesgo cognitivo, pero más si cabe, del efecto de anclaje donde nuestro subconsciente juega un papel protagonista. Por ello, no basta con conocer de su existencia, sino que tenemos que "jugar" a nuestro favor con su existencia, y para ello, podemos realizar las siguientes acciones:

- Proporciona un número inicial significativo: Al presentar un número o una cifra inicial durante una negociación, una venta o una discusión, puedes establecer un punto de referencia para influir en las percepciones de la otra persona. Por ejemplo, en una negociación de precios, comenzar con una oferta alta puede anclar la percepción del comprador sobre el valor del artículo.

- Destaca características específicas: En la presentación de opciones o alternativas, resaltar características específicas puede anclar la atención de la persona en esas cualidades. Por ejemplo, al describir un producto, enfocarse en sus características únicas puede anclar la percepción del consumidor sobre su valor.

- Utiliza comparaciones: Comparar la opción que deseas promover con otra opción menos favorable puede anclar la percepción de la persona sobre la preferencia relativa de tu propuesta. Por ejemplo, al ofrecer un servicio, puedes compararlo con alternativas más costosas para resaltar su valor.

- Utiliza referencias externas: Incorporar datos o estadísticas externas puede servir como anclaje para respaldar tu argumento o propuesta. Por ejemplo, al presentar una idea, citar investigaciones o estudios puede anclar la percepción de la persona sobre la validez o la efectividad de tu propuesta.

Incluso puedes utilizar trucos mentales de manera inofensiva para conseguir una ventaja en la negociación. Siempre que vayas a negociar algún tipo de trato, puedes intentar que este sea lo más favorable posible. Conociendo la efectividad de este sesgo, incluso cuando el ancla se forma gracias a datos irrelevantes para la negociación, puedes intentar formar un ancla a través de conversaciones previas a la negociación para forzar mentalmente a las otras personas a respetar un ancla que está siendo meticulosamente construido, incluso previamente a la negociación.

PERDIDAS VS GANANCIAS (AVERSIÓN A LA PÉRDIDA)

Me encontraba trabajando cuando vi a uno de mis compañeros mirar el móvil constantemente y con la cara blanca. Me interese por lo que le ocurría, y al preguntarle, me conto que estaba mirando la cotización de una empresa de la que poseía acciones. Estaban bajando fuertemente en el mercado de valores, ya que acababa de salir una noticia que confirmaba que las pérdidas de la empresa eran peores de lo que se esperaba y no tenía pinta de retornar al beneficio durante mucho tiempo. A pesar de esta nueva información mi compañero se quedó paralizado. Su lógica era que no quería vender y perder parte del dinero invertido, pero mientras miraba el móvil y la cotización, seguía perdiendo más dinero.

La aversión a la pérdida, como fenómeno psicológico y económico, ha sido objeto de estudio y reflexión desde hace décadas. Kahneman y Tversky, en su influyente teoría de las perspectivas, arrojaron luz sobre este sesgo cognitivo que influye en la toma de decisiones de las personas.

En economía y teoría de la decisión, este sesgo se refiere a la fuerte tendencia de la gente a preferir evitar pérdidas monetarias antes que conseguir ganancias monetarias equivalentes, lo que se traduce en que las pérdidas pesan mucho más que las ganancias. Tanto es así, que los estudios de Kahneman y Tversky, sugieren que las pérdidas son valoradas psicológicamente entre 1,5 y 2,5 veces más intensamente que las ganancias.

Desde una perspectiva evolutiva, la aversión a la pérdida tiene mucho sentido, ya que nuestros antepasados enfrentaron riesgos constantes en un entorno, donde una pérdida significaba era una amenaza para su supervivencia. Como resultado, desarrollaron una sensibilidad a las pérdidas y una preferencia por evitar situaciones que pudieran resultar en desventaja, lo que hoy en un entorno mucho más seguro suele sernos contraproducente.

TEORÍA DE LAS PERSPECTIVAS

Esta teoría postula que los individuos evalúan las opciones disponibles no en términos absolutos de ganancia o pérdida, sino en relación con un punto de referencia o línea base. Imagina que estás planeando unas vacaciones y tienes dos opciones para llegar a tu destino: una ruta de vistas magnificas a través de las montañas o una ruta más rápida pero menos interesante por la autopista.

Si te presentan estas dos opciones como ganancias potenciales, es decir, si elige la ruta con vistas magnificas y llegas a tu destino, puedes disfrutar de hermosos paisajes y una experiencia memorable. Por otro lado, si eliges la autopista, llegas más rápido, pero pierdes la oportunidad de disfrutar de la belleza natural en el camino.

Ahora, imagina que se presentan estas mismas opciones, pero como pérdidas potenciales. Si eliges la ruta con vistas magnificas y algo sale mal, como un problema mecánico en el automóvil o un desvío que te haga perder tiempo, puedes lamentar la pérdida de tiempo y la frustración de no haber elegido la opción más rápida y segura. Por otro lado, si eliges la autopista y llegas a tu destino sin problemas, no sientes una sensación de ganancia emocional porque simplemente has evitado una pérdida potencial.

Este ejemplo ilustra cómo la misma elección puede ser percibida de manera diferente dependiendo de si se presenta como una ganancia o una pérdida relativa al punto de referencia del individuo. En este caso, la aversión a la pérdida lleva a las personas a ser más cautelosas y a preferir evitar las opciones que impliquen posibles pérdidas, incluso si también conllevan ganancias potenciales.

VALORACIÓN DE LAS PÉRDIDAS FRENTE A LAS GANANCIAS

Imagina que te encuentras en una cafetería y te ofrecen dos opciones:

- Opción 1: Puedes recibir una taza de café gratis. Es un café normal, sin nada especial.
- Opción 2: Puedes participar en una apuesta. Tienes un 50% de posibilidades de ganar una taza de café de alta calidad, y un 50% de probabilidad de no recibir nada.

¿Qué opción elegirías?

La mayoría de las personas, en esta situación, elegirían la opción 1. Prefieren la seguridad de una taza de café normal a la incertidumbre de una apuesta, incluso si la apuesta tiene la mitad de las posibilidades de brindarles una experiencia mucho mejor.

Este experimento, conocido como el experimento de la taza de café, fue realizado por los psicólogos Daniel Kahneman y Amos Tversky. Es un ejemplo clásico de cómo la aversión a las pérdidas puede afectar la toma de decisiones.

Las personas son más sensibles a las pérdidas que a las ganancias. En este caso, las personas se enfocan en la posibilidad de perder la taza de café segura en la opción 2, lo que les hace preferir la opción 1, a pesar de que la expectativa de ambas opciones es la misma (recibir una taza de café).

ENDOWMENT EFFECT (EFECTO DOTACIÓN)

El efecto dotación, revela cómo las personas tienden a valorar más los objetos que poseen en comparación con los objetos idénticos que no poseen. Este fenómeno fue identificado inicialmente por Daniel Kahneman y Amos Tversky, y posteriormente fue desarrollado y popularizado por el economista conductual Richard Thaler.

La comprensión de este sesgo es fundamental para entender cómo las percepciones subjetivas de posesión influyen en la toma de decisiones y en el comportamiento económico. Aunque desde una perspectiva puramente racional, se podría esperar que las personas asignen el mismo valor a un objeto independientemente de si lo poseen o no, la realidad es que nuestra valoración de los objetos está sesgada por el hecho de poseerlos. Por ejemplo, en experimentos de laboratorio, se ha observado que los participantes asignan un valor más alto a los objetos que se les asignan aleatoriamente (es decir, que "poseen") en comparación con los objetos idénticos que están disponibles para su compra.

Una explicación posible para el sesgo de dotación es que la posesión de un objeto aumenta su sentido de propiedad y conexión emocional con ese objeto. Como resultado, las personas atribuyen un valor más alto a los objetos que poseen debido a factores como el apego emocional, la familiaridad y la sensación de control. Además, el temor a la pérdida también puede desempeñar un papel importante, ya que las personas pueden ser reacias a desprenderse de los objetos que poseen por miedo a lamentar esa pérdida en el futuro.

¡DISFRÚTALO AHORA! (DESCUENTO HIPERBÓLICO)

Hace unos meses, acompañe a un amigo a mirar un nuevo coche. Necesitaba comprarse el coche para ir a su nuevo trabajo, y dedicamos el sábado por la mañana para visitar algunos concesionarios. Tras encontrar el coche que le gustaba hizo cuentas y no le cuadraba, pero el comercial ya había pensado en todo. La financiación abusiva que le ofreció le permitía disfrutar de su nuevo coche inmediatamente, en base a una deuda futura. Yo le insiste en que lo pensara bien, pero el color del coche parece que le había hipnotizado, y ya se encontraba firmando los contratos.

El descuento hiperbólico es un fenómeno psicológico arraigado en la preferencia humana por la gratificación instantánea sobre las recompensas futuras, incluso si estas últimas son más valiosas en términos absolutos. Esta tendencia se ilustra claramente en situaciones de procrastinación, donde optamos por actividades placenteras y gratificantes en el presente, aunque sepamos que hay tareas importantes que deben realizarse para obtener beneficios a largo plazo.

Un ejemplo cotidiano de este fenómeno es cuando una persona decide posponer el ejercicio físico en favor de quedarse en casa viendo la televisión. Aunque la persona es consciente de que el ejercicio proporcionaría beneficios significativos para su salud a largo plazo, la satisfacción inmediata de relajarse en casa y disfrutar de un programa de televisión resulta más atractiva en el momento. Esta elección refleja la preferencia por la gratificación instantánea sobre las recompensas diferidas, una característica distintiva del descuento hiperbólico.

Este fenómeno puede ser problemático ya que puede conducir a patrones de comportamiento poco saludables, como una dieta poco equilibrada, la procrastinación en la realización de tareas importantes o la falta de planificación financiera para el futuro. Aunque las recompensas a largo plazo pueden ser más valiosas, nuestra tendencia a favorecer las gratificaciones inmediatas puede sabotear nuestros objetivos y aspiraciones a largo plazo, una parte imprescindible de nuestras vidas para obtener éxito, tanto a nivel personal como profesional.

¿100.000 EUROS AHORA O 1 MILLÓN DENTRO DE 10 AÑOS?

Imaginemos que te ofrecen la opción de recibir 100.000 euros hoy mismo o esperar y recibir un millón de euros dentro de diez años. A primera vista, puede parecer que esperar diez años para recibir un millón de euros es una opción claramente superior en términos financieros, ya que implica una recompensa mucho mayor. Sin embargo, las decisiones humanas, como ya venimos exponiendo durante todas las páginas de este libro, rara vez se basan únicamente en cálculos racionales y financieros.

Tú que te encuentras ahora mismo pensando sobre esta posible elección puedes verte influenciado por la atractiva idea de recibir una suma de dinero grande y tangible en el presente. Piensa en todo lo que podrías hacer con ese dinero. La idea de tener 100.000 euros disponibles de inmediato puede ser emocionante y satisfactoria, lo que podría llevarte a elegir esta opción sin considerar completamente las implicaciones a largo plazo. En este caso estarías valorando la gratificación instantánea por encima de las ventajas que conlleva recibir dentro de diez años una suma de dinero mucho más grande.

También puede ser que tengas dificultades para imaginar o evaluar adecuadamente el valor de las recompensas futuras, especialmente cuando están tan lejanas en el tiempo. ¿Vas a poder esperar diez años de tu vida para disfrutar de la recompensa? La incertidumbre sobre lo que podría suceder en los próximos diez años, como cambios en la situación financiera personal, oportunidades imprevistas o eventos inesperados, puede hacer que la opción de recibir el dinero ahora parezca más segura y atractiva. Seguramente, tu mente te presione con cada día que pasa para que obtengas el dinero ya y dejes de sufrir innecesariamente por la larga espera que debes aguantar para recibir la gran recompensa. Tu mente se convertirá en una fuente inagotable de inseguridades e incógnitas.

También, puede suceder que a nivel particular reflejes una tendencia natural, bastante marcada, a dar más peso a las gratificaciones inmediatas que a las recompensas futuras, incluso cuando las recompensas futuras son significativamente mayores.

Esta impaciencia y falta de autocontrol pueden llevar a decisiones financieras subóptimas, donde la gratificación instantánea prevalece sobre la planificación a largo plazo. En estos casos debes profundizar en las circunstancias que provocan este tipo de decisiones perjudiciales a largo plazo para tu vida.

DESCUENTO HIPERBÓLICO COMO INDICADOR DEL ÉXITO A LARGO PLAZO

El "Experimento del Malvavisco" fue realizado por el psicólogo Walter Mischel en la década de 1960 en la Universidad de Stanford. Este estudio se diseñó para investigar la capacidad de los niños para retrasar la gratificación y su relación con el autocontrol y el éxito a largo plazo.

El experimento se realizó de la siguiente manera: Mischel y su equipo ofrecieron a los niños de preescolar la opción de recibir una recompensa inmediata, un malvavisco o golosina, o esperar un período de tiempo determinado para recibir una recompensa mayor, dos golosinas. Los niños fueron llevados individualmente a una habitación donde se les presentaba una golosina en una bandeja. Se les dijo que podían comerse la golosina en cualquier momento, pero si esperaban hasta que el investigador regresara después de un tiempo específico, generalmente entre diez y veinte minutos, recibirían una segunda golosina. Los investigadores observaron entonces el comportamiento de los niños mientras esperaban.

Los resultados del estudio mostraron que aproximadamente un tercio de los niños fueron capaces de resistir la tentación y esperar para recibir la segunda golosina. Sin embargo, hubo variaciones significativas en la capacidad de los niños para retrasar la gratificación: algunos niños comieron la golosina de inmediato, mientras que otros lucharon por resistir la tentación, aunque finalmente sucumbieron antes de que llegara el investigador.

El aspecto más interesante del estudio fue el seguimiento a largo plazo de los participantes. Mischel y su equipo descubrieron que los niños que fueron capaces de retrasar la gratificación y esperar para recibir la segunda golosina mostraron una serie de resultados positivos significativos durante la vida adulta. Estos niños tenían un mejor rendimiento académico, mayor estabilidad emocional, mejores habilidades de resiliencia y una mayor satisfacción en sus relaciones personales y profesionales.

Estos hallazgos sugieren que la capacidad de retrasar la gratificación en la infancia puede ser un indicador importante del autocontrol y la capacidad para tomar decisiones que favorezcan las recompensas a largo plazo. En contraste, los niños que lucharon por resistir la tentación y optaron por la gratificación inmediata pueden enfrentar desafíos en términos de autocontrol y encontrarse en mayor riesgo de enfrentar dificultades durante la vida adulta.

Este interesante estudio tiene una relación directa con el descuento hiperbólico, ya que la capacidad de eliminar la gratificación inmediata de nuestras vidas, y focalizarse en la recompensa a largo plazo conlleva, incuestionablemente, una vida más plena y exitosa, de ahí la importancia que tiene reconocer este sesgo a la hora de tomar decisiones.

REHENES DE LA GRATIFICACIÓN INSTANTÁNEA

El descuento hiperbólico puede llevarnos a sucumbir a gastos impulsivos y gratificaciones instantáneas, como comprar artículos de lujo o gastar en experiencias placenteras en el presente, en lugar de ahorrar o invertir ese dinero para el futuro. Esta tendencia puede llevar a un consumo excesivo y, en muchos casos, al endeudamiento, lo que puede provocar dificultades financieras a largo plazo.

Además, este sesgo afecta nuestra salud mediante la elección de alimentos poco saludables que brindan gratificación inmediata, que pueden tener efectos negativos a largo plazo. Los alimentos ricos en azucares desencadenan la liberación de dopamina en áreas del cerebro que son parte clave del sistema de recompensa, haciéndolos más atractivos comparado con otro tipo de alimentos más nutritivos y saludables.

Por si esto fuera poco, el descuento hiperbólico también puede llevarnos a evitar el ejercicio físico o a postergarlo en favor de actividades sedentarias que proporcionan gratificación instantánea, como ver la televisión, navegar por internet o jugar videojuegos. En otros casos este sesgo puede influir en la elección de consumir sustancias nocivas como el tabaco, el alcohol o las drogas recreativas, que ofrecen una gratificación instantánea, pero tienen consecuencias adversas para la salud a largo plazo.

DI ADIÓS A LA PROCRASTINACIÓN

La procrastinación, ese hábito de posponer tareas importantes para después, es un desafío común para muchas personas. A menudo, nos encontramos aplazando actividades cruciales en favor de recompensas inmediatas y placenteras. Este comportamiento está estrechamente relacionado con el fenómeno psicológico del descuento hiperbólico.

Para superar la procrastinación y contrarrestar el descuento hiperbólico, es crucial desarrollar estrategias efectivas de gestión del tiempo y autocontrol como, por ejemplo:

- Establece metas claras y realistas: Dividir grandes tareas en pasos más pequeños y manejables puede hacer que parezcan menos abrumadoras y más alcanzables.

- Crea un plan de acción: Elabora un horario detallado que incluya tiempo dedicado específicamente a trabajar en tus tareas pendientes. Esto te ayudará a mantenerte enfocado y a evitar la tentación de posponerlas.

- Utiliza técnicas de gestión del tiempo: Métodos como la técnica Pomodoro, que implica trabajar en intervalos cortos seguidos de descansos programados, pueden ayudarte a mantener la concentración y a aumentar la productividad.

- Identifica y aborda las causas subyacentes: La procrastinación a menudo está relacionada con el miedo al fracaso, la falta de motivación o una estrategia para evitar situaciones estresantes. Identificar las razones detrás de tu tendencia a posponer puede ayudarte a abordar el problema desde la raíz.

- Visualiza las recompensas a largo plazo: Recuerda los beneficios futuros de completar tus tareas, ya sea el logro de tus metas profesionales, la mejora de tus habilidades o el alivio del estrés al eliminar las preocupaciones pendientes.

Al implementar estas estrategias y comprender cómo el descuento hiperbólico influye en nuestra tendencia a procrastinar, podemos tomar medidas concretas para superar este hábito y lograr una mayor eficiencia y satisfacción con nuestras vidas.

¿CÓMO SOMOS DE COMPETENTES? (EFECTO DUNNING-KRUGER)

En casi todas las cenas siempre hay alguien que empieza a hablar sobre algún tema que parece dominar a la perfección. Comienza al momento de sentaros en la mesa y tras dos horas sigue hablando del mismo tema. Además de resultar pesado, lo que al principio parecía una argumentación sin resquicios, poco a poco, se convierte en una perorata sin sentido. Con total seguridad realiza afirmaciones como si se tratara de todo un experto en la materia. Pues bien, esta situación tan común es el resultado del efecto Dunning-Kruger.

Este efecto es un fenómeno psicológico que revela cómo las personas pueden tener una percepción sesgada de sus propias habilidades cognitivas y sociales. Este fenómeno se manifiesta de manera notable en dos extremos del espectro de habilidades: por un lado, aquellos con habilidades limitadas tienden a inflar su percepción de competencia, mientras que, por otro lado, aquellos con habilidades superiores tienden a subestimar sus propias capacidades.

Esta discrepancia en la evaluación del propio desempeño puede tener profundas implicaciones en diversos aspectos de la vida, desde el rendimiento académico y laboral hasta las interacciones sociales. Las personas con habilidades limitadas pueden sentirse excesivamente confiadas en sus capacidades, lo que puede llevar a errores y malentendidos. Por otro lado, aquellos con habilidades superiores pueden dudar de sí mismos, incluso cuando son altamente competentes en una tarea o dominio específico.

La raíz del efecto Dunning-Kruger radica en la falta de habilidades metacognitivas, es decir, la capacidad de reflexionar y evaluar críticamente el propio pensamiento. Las personas con habilidades limitadas pueden carecer de la capacidad de reconocer sus propias deficiencias debido a una falta de comprensión sobre lo que implica ser competente en una tarea. Esto puede llevarlos a sobreestimar su competencia porque simplemente no saben lo que no saben.

Por otro lado, aquellos con habilidades superiores pueden subestimar su competencia debido a una mayor comprensión de las complejidades involucradas en una tarea o dominio específico. Pueden ser conscientes de lo mucho que todavía tienen que aprender y cómo las sutilezas y matices del tema pueden escapar a la percepción de los demás. Además, pueden asumir erróneamente que los demás poseen el mismo nivel de comprensión que ellos, lo que contribuye a una subestimación de su propia competencia.

INCOMPETENTE Y SIN DARSE CUENTA

El término "efecto Dunning-Kruger" se ha convertido en un concepto destacado en la psicología contemporánea, y su origen se remonta a un estudio seminal realizado por los psicólogos sociales David Dunning y Justin Kruger en 1999, mientras trabajaban en la Universidad de Cornell. Este estudio, titulado "Unskilled and Unaware of It: How Difficulties in Recognizing One's Own Incompetence Lead to Inflated Self-Assessments" ("Incompetente y sin darse cuenta: cómo las dificultades para reconocer la propia incompetencia llevan a autoevaluaciones infladas"), exploró la desconcertante tendencia de las personas con habilidades limitadas para sobrevalorar su propio desempeño.

En su experimento, los investigadores reclutaron participantes voluntarios para realizar una serie de tareas cognitivas y sociales, incluyendo pruebas de gramática, lógica y resolución de problemas. Cada tarea fue diseñada para evaluar las habilidades de los participantes en áreas específicas y proporcionar una medida objetiva de su desempeño.

Una vez completadas las pruebas, los participantes fueron invitados a evaluar su propio desempeño y a estimar qué tan bien creían que se habían desempeñado en comparación con el resto de los participantes. Además, se les pidió que calificaran su propia habilidad en la tarea en una escala de autoevaluación. Los resultados del estudio revelaron un patrón sorprendente: aquellos participantes que obtuvieron puntuaciones más bajas en las pruebas tendieron a sobreestimar significativamente su propio desempeño, mientras que aquellos con puntuaciones más altas tendieron a subestimarlo.

Los resultados sugieren que las personas con habilidades limitadas pueden carecer de la capacidad metacognitiva necesaria para evaluar con precisión su propio desempeño. En lugar de reconocer sus deficiencias, tienden a sobrevalorar su competencia debido a una falta de conciencia sobre lo que implica ser competente en la tarea en cuestión. Por otro lado, aquellos con habilidades más altas pueden subestimar su propio desempeño debido a su mayor comprensión de las complejidades y demandas de la tarea. Asumen erróneamente que otros poseen el mismo nivel de comprensión que ellos, lo que puede llevarlos a dudar de su competencia en comparación con sus pares.

SOLO SÉ QUE NO SÉ NADA

El famoso aforismo "solo sé que no sé nada", atribuido a Sócrates, encuentra una interesante conexión con el efecto Dunning-Kruger, un sesgo cognitivo que describe la tendencia de las personas con habilidades limitadas para sobreestimar su propia competencia.

Sócrates, a través de su filosofía, enfatizó la importancia de reconocer la propia ignorancia como el primer paso hacia el verdadero conocimiento. Al admitir que no sabemos algo, abrimos la puerta al aprendizaje y al crecimiento personal. Este enfoque humilde hacia el conocimiento nos permite cuestionar nuestras creencias y estar abiertos a nuevas ideas y perspectivas.

Esta humildad es la que falta en aquellas personas que se ven afectados por el efecto Dunning-Kruger, personas con habilidades limitadas que carecen de la capacidad de evaluar con precisión su propio desempeño y reconocer sus propias deficiencias, y que en lugar de admitir su ignorancia y buscar mejorar, pueden sentirse excesivamente confiados en sus habilidades.

Al igual que Sócrates abogaba por reconocer nuestra ignorancia para buscar el verdadero conocimiento, el efecto Dunning-Kruger nos recuerda la importancia de ser conscientes de nuestras propias limitaciones y estar dispuestos a aprender y crecer continuamente. Al adoptar una actitud de "solo sé que no sé nada", podemos evitar caer en la trampa del exceso de confianza y estar abiertos a nuevas ideas y perspectivas que enriquezcan nuestra escasa comprensión del mundo.

LO IMPORTANTE ES SABER LO QUE SABES Y SABER LO QUE NO SABES

La famosa frase de Warren Buffett, "lo importante es saber lo que sabes y saber lo que no sabes", tiene una estrecha relación con el efecto Dunning-Kruger. Cuando Buffett habla de "saber lo que sabes", se refiere a tener un entendimiento realista y consciente de tus habilidades y conocimientos. Es fundamental reconocer tus áreas de fortaleza y competencia, lo cual te permite tomar decisiones informadas y confiar en tu juicio cuando te enfrentas a situaciones en las que tienes experiencia y conocimiento. Por otro lado, cuando Buffett menciona "saber lo que no sabes", hace referencia a la importancia de ser consciente de tus limitaciones y áreas de ignorancia. Esta parte de la frase es especialmente relevante en el contexto del efecto Dunning-Kruger. Aquellas personas afectadas por este sesgo tienden a sobrevalorar su competencia y a ignorar o minimizar sus carencias de conocimiento en áreas específicas. No reconocen su propia ignorancia y, por lo tanto, pueden tomar decisiones erróneas o mal informadas.

Al igual que Sócrates, Warren Buffett nos recuerda la importancia de mantenernos humildes y ser conscientes de nuestras limitaciones. Reconocer lo que no sabemos nos permite buscar más información, pedir ayuda cuando sea necesario y evitar caer en la trampa de la sobreconfianza. En este sentido, la frase de Buffett actúa como un antídoto contra el efecto Dunning-Kruger, fomentando una actitud de aprendizaje continuo y una evaluación honesta de nuestras habilidades y conocimientos.

PROPENSIÓN A LA INTERVENCIÓN (EFECTO ESPECTADOR)

De repente, te encuentras observando una situación desagradable junto con decenas de personas, pero todos parecéis congelados, como si una fuerza mayor estuviera aplicando una presión sobre vuestros cuerpos que los mantiene inmóviles. En lugar de intervenir y socorrer en una reacción casi automática, te encuentras preguntándote que es lo que pasa. Esta inacción es producto del efecto espectador.

El efecto espectador, también conocido como el fenómeno del espectador, es un término que describe la tendencia de las personas a no intervenir en situaciones de emergencia o peligro cuando hay otras personas presentes. Esta inacción se debe a la creencia errónea de que otros tomarán la iniciativa y asumirán la responsabilidad de ayudar, lo que lleva a una difusión de la responsabilidad.

Este fenómeno fue documentado por primera vez en 1968 por los psicólogos sociales John Darley y Bibb Latané en un estudio que investigaba la reacción de las personas ante una emergencia simulada. En uno de los experimentos, los participantes fueron colocados en situaciones donde creían que estaban solos o en presencia de otros. Cuando creían que otros estaban presentes, eran menos propensos a intervenir o buscar ayuda.

La razón detrás del efecto espectador se atribuye a factores psicológicos como la difusión de la responsabilidad, donde cada individuo asume que otros tomarán la iniciativa y, por lo tanto, sienten menos presión para actuar. Además, la presencia de otras personas puede llevar a la evaluación social, donde los individuos observan las reacciones de los demás para determinar cómo deberían comportarse ellos mismos. Si nadie más parece preocupado o tomando medidas, es menos probable que una persona intervenga.

TESTIGOS DE UN ASESINATO

En 1964, tras el asesinato de Kitty Genovese, el periódico de New York Times publicó "Durante más de media hora, 38 ciudadanos ejemplares de Queens observaron a un asesino seguir y apuñalar a una mujer en tres ataques distintos en Kew Gardens. Dos veces, sus conversaciones y el brillo de las luces de sus dormitorios interrumpieron y espantaron al asesino. En ambas ocasiones regresó, la buscó y la apuñaló de nuevo. Ni una sola persona llamó a la policía durante el ataque; solo un testigo lo hizo después de que la mujer muriera".

Esta noticia, aunque sensacionalista e inexacta, esconde algo de verdad. Aunque no fueron 38 los ciudadanos que observaron el crimen, sino 12, y ninguno de los testigos vio la secuencia completa, y solo oyeron una parte del incidente de manera confusa, lo que es cierto es que con significativos indicios de que estaba ocurriendo un delito, ninguno de ellos llamo a la policía.

Cuando se buscaron los motivos de esta falta de ayuda, se habló de "moral decadente", "deshumanización producida en un ambiente urbano", "alienación" y "desesperación existencial", y aunque es innegable que cada vez son conductas más habituales, hay que tener en cuenta otros factores psicológicos que intervienen en este tipo de situaciones.

CUANTOS MÁS ESTEMOS MIRANDO PEOR

Desde el asesinato de Kitty Genovese, numerosos estudios y experimentos han confirmado la existencia del efecto espectador en una variedad de contextos y situaciones. Se ha encontrado que la presencia de otras personas puede influir en la probabilidad de que un individuo brinde ayuda en situaciones de emergencia, como accidentes de tráfico, asaltos, ataques médicos repentinos y otros incidentes.

Incluso muchos estudios sugieren que cuantas más personas estén presentes en una situación de emergencia, menos probable es que alguien ofrezca ayuda. La razón detrás de esto se atribuye a la "difusión de la responsabilidad", donde cada individuo en un grupo grande tiende a asumir que alguien más tomará la iniciativa, lo que lleva a una disminución en la acción individual.

CULTURA DE RESPONSABILIDAD Y ACCIÓN COLECTIVA

Para combatir el efecto espectador a nivel social, es crucial fomentar una cultura de responsabilidad y acción colectiva. Aquí hay algunas estrategias que pueden ayudar a abordar este problema:

- Promover la educación sobre el efecto espectador y sus implicaciones puede aumentar la conciencia pública sobre la importancia de tomar medidas en situaciones de emergencia.

- Proporcionar capacitación en primeros auxilios y habilidades de intervención en emergencias puede empoderar a las personas para que se sientan más seguras al actuar en situaciones difíciles.

- Desarrollar campañas de sensibilización que destaquen la importancia de la intervención rápida y la responsabilidad individual en situaciones de emergencia puede ayudar a cambiar las actitudes y comportamientos.

- Fomentar la idea de que todos tienen un papel que desempeñar para prestar ayuda en situaciones de emergencia puede reducir la difusión de la responsabilidad y alentar a las personas a actuar en lugar de quedarse pasivas.

- Promover normas sociales que valoren la ayuda mutua y la solidaridad puede influir en el comportamiento de las personas y fomentar una mayor disposición a brindar ayuda en situaciones de emergencia.

- Reconocer públicamente a aquellos que intervienen y brindan ayuda en situaciones de emergencia puede incentivar el comportamiento proactivo y alentar a otros a seguir su ejemplo.

- Proporcionar recursos y apoyo adecuados, como líneas directas de emergencia, equipos de respuesta rápida y servicios de atención médica, puede facilitar la intervención oportuna y efectiva en situaciones de crisis.

PRESENTANDO LA INFORMACIÓN (EFECTO DE ENCUADRE)

Estas en un restaurante de hamburguesas, hambriento pero decidido a portarte bien y elegir la hamburguesa más sana que haya. Tras examinar la carta llegas a lo que parecen ser las hamburguesas más sanas del restaurante. La primera hamburguesa te ofrece un 80% libre de grasas, mientras que la segunda te ofrece sólo un 20% de grasa. Rápidamente llamas al camarero y seleccionas la primera opción sin dudarlo. Acabas de caer en el sesgo de efecto de encuadre.

Este efecto hace referencia a la influencia que tiene la forma en que se presenta la información en nuestras percepciones y decisiones. Esto significa que la misma información puede percibirse de manera diferente dependiendo de cómo se presente o se enfoque. Por ejemplo, un problema puede parecer más o menos grave, una opción puede parecer más atractiva o menos deseable, todo según cómo se presente la información.

Un aspecto importante del efecto de encuadre es que puede influir en nuestras decisiones de manera subconsciente, sin que seamos plenamente conscientes de su impacto. Esto se debe a que nuestro cerebro tiende a procesar la información de manera rápida, pero no eficiente, a menudo recurriendo a atajos mentales o sesgos cognitivos para simplificar la toma de decisiones. El efecto de encuadre actúa como uno de estos atajos, moldeando nuestra percepción de la situación y orientando nuestras decisiones en una dirección específica.

Por ejemplo, si se presenta un medicamento como "90% efectivo" en lugar de "10% ineficaz", es más probable que lo percibamos de manera positiva y estemos más inclinados a usarlo. Del mismo modo, si se nos presenta una inversión como "con un 10% de riesgo de pérdida" en lugar de "con un 90% de posibilidad de éxito", es probable que la percibamos como menos atractiva.

Este sesgo ocurre porque tendemos a enfocarnos en la parte más destacada o relevante de la información presentada, lo que influye en cómo evaluamos la situación en su conjunto. Además, nuestras emociones y experiencias previas también pueden influir en cómo respondemos al encuadre de la información.

PROBLEMA DE LA VIDA O MUERTE

Un experimento clásico que ilustra el efecto de encuadre fue el realizado por Kahneman y Tversky en la década de 1980, conocido como el "problema de la vida o muerte". En este experimento, los participantes se enfrentaron a dos escenarios alternativos, cada uno presentado de manera diferente, pero esencialmente equivalentes desde un punto de vista objetivo:

Escenario 1: Imagínese que el país está experimentando una epidemia mortal que amenaza la vida de 600 personas. Cuatro programas alternativos de respuesta están disponibles:

- Programa A: Si se implementa este programa, se salvarán 200 vidas.

- Programa B: Existe una probabilidad del 33.3% de que se salven todas las vidas, y una probabilidad del 66.6% de que no se salve ninguna.

- Programa C: Si se implementa este programa, 400 personas morirán.

- Programa D: Existe una probabilidad del 33.3% de que nadie muera, y una probabilidad del 66.6% de que todos mueran.

Los cuatro programas presentan las mismas opciones, solo se presentan de manera diferente. Los dos primeros programas se presentan en términos de vidas salvadas, mientras que los otros dos se presentan en términos de vidas perdidas.

Los participantes del experimento generalmente preferían el programa A, entre las opciones A y B, y donde se presenta en términos de vidas salvadas, y el programa D, entre las opciones C y D, y donde se presenta en términos de vidas perdidas. Sin embargo, ambos programas A y D tienen la misma utilidad esperada en términos de vidas que los programas B y C.

Este experimento ilustra cómo el efecto de encuadre puede influir en las decisiones, incluso cuando las opciones son equivalentes desde un punto de vista objetivo. Kahneman y Tversky concluyeron que las personas son más adversas al riesgo cuando se enfrentan a situaciones de ganancias (como en los dos primeros programas) y más propensas a asumir riesgos cuando se enfrentan a situaciones de pérdidas (como los otros dos programas), lo que lleva a diferentes elecciones basadas en cómo se presenta la información.

¿EL VASO ESTA MEDIO LLENO O MEDIO VACÍO?

La percepción del vaso medio lleno o medio vacío es un tema que trasciende los límites de la psicología y la filosofía, adentrándose en el núcleo mismo de cómo experimentamos y evaluamos la realidad que nos rodea. Desde una perspectiva psicológica, esta dicotomía refleja la forma en que interpretamos y atribuimos significado a nuestras experiencias cotidianas, mientras que, desde un enfoque filosófico, nos invita a reflexionar sobre nuestra actitud y perspectiva hacia la vida misma.

En términos psicológicos, la pregunta sobre si vemos el vaso como medio lleno o medio vacío está intrínsecamente ligada a nuestra disposición emocional y nuestra capacidad para encontrar el optimismo o el pesimismo en diferentes situaciones. Los psicólogos sugieren que nuestra tendencia a ver el vaso como medio lleno o medio vacío puede depender en gran medida de factores como nuestra historia personal, nuestras experiencias pasadas y nuestra predisposición emocional. Aquellos con una inclinación hacia el optimismo tienden a ver el vaso como medio lleno, enfocándose en las oportunidades y aspectos positivos de una situación, mientras que aquellos con una inclinación hacia el pesimismo pueden ver el vaso como medio vacío, centrándose en las dificultades y desafíos.

Desde una perspectiva filosófica, la metáfora del vaso medio lleno o medio vacío plantea preguntas más profundas sobre la naturaleza de la realidad y nuestra relación con ella. Nos invita a reflexionar sobre la percepción subjetiva de la realidad y cómo nuestras actitudes y creencias influyen en la forma en que experimentamos el mundo que nos rodea. ¿Es la realidad objetiva y estática, o es maleable y moldeada por nuestra percepción e interpretación? La respuesta a esta pregunta puede variar según las diferentes corrientes filosóficas y cosmovisiones. Algunos argumentan que la realidad es inherentemente subjetiva y que nuestra percepción sobre ella está influenciada por nuestros propios filtros mentales y emocionales. Otros sostienen que existen verdades objetivas y universales que trascienden nuestra percepción individual.

El efecto de encuadre trata de hacernos ver el vaso medio vacío o medio lleno, dependiendo de la finalidad que busque conseguir el emisor del mensaje. Intenta, de manera descarada, influir en nuestras decisiones mostrándonos la información de manera sesgada de antemano para confundir nuestro juicio.

A veces, será nuestra disposición emocional, otras nuestra actitud y creencias, y otras la forma en que se presenta la información, pero todas nos llevan a interpretar la realidad de manera sesgada y errónea, y por ello, no sólo es importante mantener una actitud realista, preferentemente que tienda a algo de optimismo, sino también conocer como el efecto de encuadre puede afectar a nuestra interpretación de la información.

BUSCANDO LA SEGURIDAD (ILUSIÓN DE CONTROL)

Imagina que estas con tus amigos de vacaciones en la playa disfrutando el buen tiempo y el mar. Una noche, uno de tus amigos se entera de que existe un casino cerca de vuestro hotel y que estaría bien probar suerte. Así que, una hora más tarde te encuentras con un par de dados en la mano haciendo lanzamientos sobre un tapete intentando adivinar su resultado. Tras varios intentos no has conseguido acertar ni una vez, pero uno de tus amigos te dará la solución milagrosa. Antes de lanzar, tienes que soplar los dados. Tu amigo acaba de ejemplificar lo que en psicología se denomina la ilusión de control.

La ilusión de control es un fenómeno que ilustra la complejidad de la mente humana en la forma en que procesamos la incertidumbre y buscamos seguridad en un mundo inherentemente impredecible. En su esencia, este sesgo cognitivo refleja una tendencia arraigada en la psique humana a sentir que tenemos más control sobre los resultados de lo que realmente tenemos.

A pesar de que la realidad nos presenta constantemente ejemplos de situaciones sobre las cuales no tenemos control directo, como eventos naturales, acciones de otras personas o incluso la suerte pura, nuestra mente tiende a percibir cierto grado de control donde no lo hay. Este fenómeno puede observarse en diversos aspectos de la vida cotidiana, desde creer que tocando un botón del ascensor con más fuerza hará que llegue más rápido, hasta sentir que nuestros rituales supersticiosos influyen en el resultado de un evento importante.

Este sesgo cognitivo puede ser atribuido a varias razones, la necesidad humana de mantener un sentido de orden y previsibilidad en el mundo puede llevarnos a buscar patrones y causas donde no existen, lo que nos lleva a percibir control incluso en situaciones aleatorias. Además, la ilusión de control puede servir como una forma de protegernos psicológicamente contra la ansiedad y la incomodidad que proviene de aceptar la verdadera naturaleza caótica e impredecible del mundo.

Por otro lado, nuestras experiencias pasadas pueden influir en la formación y perpetuación de esta ilusión. Cuando nuestras acciones han tenido consecuencias positivas en el pasado, tendemos a sobrevalorar nuestra capacidad para influir en eventos futuros, incluso cuando las circunstancias son muy diferentes. Esta tendencia puede reforzar nuestra creencia en nuestra habilidad para controlar situaciones, incluso cuando la lógica objetiva sugiere lo contrario.

UN SESGO CLAVE DE LA LUDOPATÍA

Este sesgo, caracterizado por la ilusión de control sobre eventos aleatorios, puede ejercer una influencia significativa en el desarrollo de la ludopatía o adicción al juego. La ludopatía es un trastorno psicológico que implica una compulsión descontrolada por participar en juegos de azar, a menudo con consecuencias negativas para la salud mental, emocional, financiera y social del individuo.

La creencia errónea de tener control sobre eventos aleatorios puede crear una falsa sensación de confianza y seguridad en el individuo, lo que lo lleva a involucrarse más en actividades de juego. Por ejemplo, una persona que cree que tiene la habilidad de influir en los resultados de un juego de azar mediante rituales o estrategias específicas puede verse tentada a jugar más frecuentemente, pensando que puede mejorar sus probabilidades de ganar.

Una de las características clave de esta disposición es la tendencia a creer que, al controlar una parte de un evento, podemos controlar el evento en su totalidad. Esto se evidencia en estudios que sugieren que las personas sienten un mayor grado de control sobre un evento si tienen la capacidad de influir en una parte de este. Por ejemplo, en el contexto de los juegos de azar, las personas pueden sentirse más seguras si son ellos mismos quienes eligen los números de la lotería en lugar de que sean asignados aleatoriamente.

Otro aspecto importante es el valor que se le otorga a la participación directa en un evento. Se cree que, al participar activamente, se aumenta la sensación de control sobre el resultado. Por ejemplo, en juegos como el lanzamiento de dados, las personas pueden sentir que tienen más posibilidades de obtener el resultado deseado si son ellos mismos quienes lanzan los dados en lugar de que lo haga otra persona por ellos.

Además, aquellos que tienen esta disposición tienden a aferrarse a rituales y rutinas, creyendo que estos pueden influir en los resultados de manera positiva. Por ejemplo, la expresión tocar madera se utiliza de forma generalizada para atraer buena suerte y distanciar los malos presagios.

Finalmente, la experiencia también desempeña un papel importante en esta disposición, ya que se tiende a creer que aquellos con más experiencia tienen una mayor capacidad para controlar eventos que dependen del azar. Por ejemplo, se puede pensar que se tienen más posibilidades de ganar en un juego de azar si se conoce bien el juego.

EL EXPERIMENTO DE LOS DADOS

El estudio realizado por la psicóloga Ellen Langer en la década de 1970 sobre la percepción del control en situaciones de juego es un hito importante en la comprensión de cómo los seres humanos interpretan la influencia que tienen en eventos que en realidad son aleatorios. En este experimento, Langer y su equipo reclutaron a participantes de diversos orígenes y edades para explorar cómo percibían su control sobre los resultados de un juego de dados.

Los participantes fueron divididos en dos grupos: aquellos a quienes se les permitió elegir su propio dado y aquellos a quienes se les asignó uno sin su elección. Es importante destacar que todos los dados eran idénticos y el resultado del lanzamiento era puramente aleatorio. Después de jugar varias rondas del juego de dados, se les pidió a los participantes que evaluaran su sensación de control sobre el resultado de los lanzamientos.

Los resultados del estudio proporcionaron una visión profunda sobre la ilusión de control. A pesar de que todos los dados eran iguales y el resultado era completamente aleatorio, aquellos participantes que tuvieron la oportunidad de elegir su propio dado mostraron una mayor confianza en su capacidad para influir en el resultado. Este hallazgo reveló cómo las personas tienden a sobrevalorar su control sobre eventos que en realidad están fuera de su influencia real.

EN LAS RELACIONES INTERPERSONALES

Una forma en que la ilusión de control puede influir en las relaciones interpersonales es a través de la creencia de que tenemos el poder de cambiar o influir en los pensamientos, sentimientos o comportamientos de los demás. Esto puede llevarnos a adoptar un enfoque controlador o manipulador en nuestras relaciones, donde intentamos dirigir o modificar las acciones de los demás según nuestras propias preferencias o deseos. Sin embargo, esta creencia puede ser problemática ya que cada individuo tiene su propia autonomía y libre albedrío, y tratar de controlar a los demás puede generar resentimiento y conflictos en la relación.

Además, la ilusión de control puede llevarnos a sobreestimar nuestra capacidad para predecir o interpretar las acciones y motivaciones de los demás. Esto puede llevar a malentendidos y conflictos en las relaciones, ya que nuestras suposiciones sobre lo que los demás piensan o sienten pueden no estar basadas en la realidad. Por ejemplo, podemos interpretar erróneamente el comportamiento de alguien como una señal de falta de interés o, por el contrario, como una señal de afecto, cuando en realidad puede haber otras explicaciones detrás de sus acciones.

Otra forma en que la ilusión de control puede afectar nuestras relaciones interpersonales es a través de la tendencia a asumir la responsabilidad de los resultados de la relación. Esto puede llevarnos a sentirnos excesivamente responsables por el éxito o fracaso de la relación, y a creer que tenemos el poder de controlar su curso. Sin embargo, las relaciones son el resultado de la interacción de múltiples factores, incluidas las acciones y decisiones de ambas partes, así como circunstancias externas fuera de nuestro control.

Para contrarrestar la influencia negativa de la ilusión de control en las relaciones interpersonales, es importante practicar la humildad y el respeto por la autonomía de los demás. Esto implica reconocer que no tenemos el poder de controlar a los demás o de prever todos los resultados de nuestras interacciones. En su lugar, podemos enfocarnos en comunicarnos de manera abierta y honesta, establecer límites claros y respetar las necesidades y deseos individuales de cada persona en la relación. Al cultivar una mayor conciencia de nuestros propios sesgos cognitivos y practicar una comunicación y relación más empática, podemos fortalecer nuestras relaciones interpersonales y fomentar conexiones más genuinas y saludables con los demás.

¿RESPALDAS TUS CREENCIAS? (SESGO DE CONFIRMACIÓN)

Ahora, en este mismo momento, hay miles de personas haciendo un análisis exhaustivo de información. Personas que han abierto el explorador en sus móviles, mientras ven algún programa insulso en la televisión, y han tecleado en Google la siguiente frase: "Nos están engañando, la tierra es plana". Con un ligero toque se han desplazado por los primeros resultados que básicamente son noticias irónicas sobre el terraplanismo, hasta encontrar un blog de una persona "relevante", con miles de seguidores, que demuestra con afirmaciones seudocientíficas que la tierra es plana. De los más de 2 millones de resultados de su búsqueda, sólo uno le ha sido suficiente para confirmar algo que ya tenía en su mente. Una mente deseosa de caer en el sesgo de confirmación.

Aunque este es un caso extremo, a todos en mayor o medida nos afecta este sesgo. El sesgo de confirmación es un aspecto fundamental de la psicología humana que afecta la forma en que procesamos y evaluamos la información. Se manifiesta cuando tendemos a buscar, interpretar o recordar información de manera selectiva que respalde nuestras creencias, opiniones o hipótesis preexistentes, al mismo tiempo que descartamos, minimizamos o ignoramos la información que contradice esas ideas. Este fenómeno puede tener un impacto profundo en nuestra percepción de la realidad y en nuestras decisiones, ya que influye en la forma en que analizamos la información, formamos juicios y tomamos esas decisiones.

El sesgo de confirmación puede observarse en una amplia gama de contextos, desde la vida cotidiana hasta la toma de decisiones importantes en ámbitos como la política, la ciencia y los negocios. Por ejemplo, en el ámbito político, las personas tienden a buscar noticias y fuentes de información que respalden sus puntos de vista políticos existentes, mientras ignoran o desestiman aquellas que los desafían. Del mismo modo, en el campo de la ciencia, los investigadores pueden mostrar una preferencia por evidencias que apoyen sus teorías mientras desechan aquellas investigaciones que no lo hacen, obstaculizando de esta forma el avance del conocimiento al desechar una parte de la información disponible.

EL EXPERIMENTO DE WASON

El sesgo de confirmación, aunque se había observado y discutido informalmente antes, fue formalizado y demostrado experimentalmente por primera vez en la década de 1960 por el psicólogo británico Peter Wason. Su estudio seminal proporcionó una visión profunda de cómo las personas tienden a procesar la información de una manera que refuerza sus creencias preexistentes, en lugar de cuestionarlas de manera objetiva.

En su famoso experimento, Wason presentó a los participantes una serie de tres números (2, 4, 6) y les pidió que descubrieran la regla que seguía esta secuencia. Los participantes podían proponer conjuntos de números para verificar su hipótesis sobre la regla, y Wason confirmaría si el conjunto propuesto cumplía con la regla o no. Lo interesante es que la regla era bastante simple: cualquier conjunto de tres números ascendentes, por ejemplo, 7, 8 y 9, pero muchos participantes no lo descubrieron.

Lo que Wason demostró a través de este experimento fue revelador: en lugar de proponer conjuntos de números que podrían desafiar su hipótesis inicial, la mayoría de los participantes tendían a ofrecer conjuntos que simplemente confirmaban lo que ya creían. Por ejemplo, podrían proponer "8, 10, 12" para confirmar su suposición de que la secuencia era una progresión aritmética. Sin embargo, esta respuesta no confirmaba ni refutaba realmente la regla, ya que cualquier conjunto de números ascendentes se ajustaba a la regla. Este experimento ilustra vívidamente cómo las personas tienden a buscar activamente la confirmación de sus creencias existentes en lugar de buscar activamente información que podría cuestionarlas.

La investigación de Wason sobre el sesgo de confirmación destacó la importancia de considerar no solo la evidencia que apoya nuestras creencias, sino también la evidencia que las desafía. Este estudio contribuyó significativamente a nuestra comprensión de cómo las personas procesan la información y forman juicios, y sigue siendo una referencia importante en el campo de la psicología cognitiva.

DEJA DE BUSCAR VALIDAR TUS CREENCIAS

Una de las razones principales detrás del sesgo de confirmación es el deseo humano de mantener una coherencia cognitiva. Las personas tienden a buscar información que confirme lo que ya creen para mantener una sensación de estabilidad y consistencia en sus creencias. Cuando nos encontramos con información que contradice nuestras creencias, puede surgir una sensación de incomodidad conocida como disonancia cognitiva. Para evitar este malestar, tendemos a seleccionar y procesar selectivamente la información que confirma nuestras creencias existentes, ignorando o minimizando la información que las contradice.

Las emociones también desempeñan un papel significativo en la forma en que percibimos la información. Tendemos a sentirnos atraídos hacia la información que valida nuestras emociones positivas o nos hace sentir bien, mientras que evitamos o minimizamos la información que provoca emociones negativas o malestar. Esto significa que podemos estar más inclinados a prestar atención a la información que coincide con nuestras preferencias personales o valores, incluso si no es necesariamente precisa u objetiva.

Además, estamos expuestos a una amplia gama de opiniones, creencias y perspectivas a través de nuestra interacción con otras personas y con los medios de comunicación. Sin embargo, tendemos a buscar y gravitar hacia entornos que refuercen nuestras propias opiniones y creencias, lo que puede amplificar el sesgo de confirmación al exponernos constantemente a información que valida nuestras perspectivas.

Por último, existen factores emocionales y sociales, donde nuestras propias limitaciones cognitivas pueden contribuir al sesgo de confirmación. Nuestra capacidad para procesar información de manera efectiva puede verse comprometida por sesgos cognitivos como la percepción selectiva, detallado anteriormente, la memoria selectiva y la tendencia a buscar patrones familiares. Estas limitaciones pueden dificultar nuestra capacidad para evaluar de manera objetiva y crítica la información que recibimos, lo que nos lleva a buscar y favorecer información en línea con nuestras creencias, pero en general limitantes para nuestro crecimiento intelectual y cognitivo.

SESGO DE DISCONFORMIDAD, UNA ESPECIE DE CONFIRMACIÓN INVERSO

Mientras que el sesgo de confirmación nos lleva a buscar y favorecer información que respalda nuestras creencias, el sesgo de disconformidad es la tendencia que tenemos a analizar con mucho más criterio la información que contradice nuestras creencias, con el fin de poder desacreditar y descartar esa información, es decir, el sesgo de disconformidad revela nuestra inclinación a rechazar información o evidencia que contradice nuestras creencias arraigadas o las normas sociales aceptadas en nuestro entorno. Se manifiesta como una resistencia a aceptar ideas o hechos que desafían nuestras opiniones previas o la opinión predominante en nuestra comunidad.

Este sesgo es una manifestación de la tendencia humana a buscar la coherencia y la consonancia entre nuestras creencias y el mundo que nos rodea, al igual que pasa con el sesgo de confirmación. Cuando nos encontramos con información que contradice lo que ya creemos, experimentamos un conflicto cognitivo que puede ser incómodo. Para mitigar este malestar, a menudo rechazamos activamente la nueva información o la interpretamos de manera selectiva para que se ajuste a nuestras creencias existentes.

Por ejemplo, si alguien ha creído durante mucho tiempo que una determinada teoría es correcta y luego se encuentra con evidencias que la contradicen, es probable que experimente una sensación de disonancia cognitiva. Para aliviar esta incomodidad, la persona puede optar por ignorar o minimizar la nueva información, o buscar racionalizaciones para mantener su creencia original.

BUSCA A QUIENES DESAFÍEN TUS PENSAMIENTOS

El sesgo de confirmación puede llevarnos a ignorar o minimizar la información que contradice nuestras creencias, y a cerrarnos a puntos de vista alternativos y evidencias que desafíen nuestras ideas preconcebidas. Además, afecta a la forma en que interpretamos la información al hacer que atribuyamos más peso a la evidencia que respalda nuestras creencias y descartemos la que no lo hace. Todo esto, solo hará que nos perpetuemos en estereotipos y prejuicios que nos limitan nuestro conocimiento y pensamiento crítico.

Para luchar eficazmente contra el sesgo de confirmación, es esencial adoptar un enfoque consciente y activo que fomente una evaluación más equilibrada de la información. Para ello, debemos cultivar habilidades de pensamiento crítico para contrarrestar el sesgo de confirmación. Esto implica cuestionar de manera sistemática nuestras propias creencias, examinar la validez y fiabilidad de la información y evaluar los argumentos de manera objetiva. Al desarrollar la capacidad de analizar de manera crítica la evidencia y los argumentos, podemos reducir la influencia de nuestros propios sesgos cognitivos en nuestras percepciones y decisiones.

También, debemos reconocer y ser conscientes de nuestras propias tendencias hacia el sesgo de confirmación como primer paso para contrarrestarlo. Esto implica estar alerta a nuestra inclinación natural a buscar información que confirme nuestras creencias preexistentes y estar dispuestos a cuestionar estas creencias cuando sea necesario. La autoconciencia nos permite identificar cuándo estamos siendo influenciados por el sesgo de confirmación y tomar medidas para corregirlo.

Además, es importante que ampliemos nuestra exposición a una variedad de perspectivas y opiniones, que nos pueda ayudar a contrarrestar el sesgo de confirmación al desafiar nuestras propias suposiciones y creencias. Esto puede implicar buscar activamente fuentes de información que presenten puntos de vista divergentes, participar en debates constructivos con personas que tienen opiniones diferentes y estar abiertos a considerar ideas que desafíen nuestras propias convicciones. Al exponernos deliberadamente a diferentes perspectivas, podemos desarrollar una comprensión más completa y matizada de los problemas y tomar decisiones más informadas.

La empatía, también juega un papel crucial en la superación del sesgo de confirmación al permitirnos entender y apreciar las experiencias y puntos de vista de los demás. Al ponerse en el lugar de los demás y considerar cómo podrían ver una situación determinada, podemos ampliar nuestra perspectiva y ser más receptivos a la información que contradice nuestras propias creencias. La empatía nos ayuda a superar la rigidez mental y nos permite considerar una gama más amplia de posibilidades antes de llegar a una conclusión.

Por último, es fundamental basar nuestras opiniones y decisiones en evidencia objetiva y fiable en lugar de en opiniones subjetivas o sesgadas. Esto implica buscar fuentes de información confiables y verificar la precisión y credibilidad de la información antes de aceptarla como válida, algo que cada vez resulta más complejo, pero sin duda, más necesario que nunca. Al centrarse en la evidencia objetiva y basar nuestras decisiones en datos sólidos, podemos minimizar la influencia del sesgo de confirmación y tomar decisiones más fundamentadas y bien informadas.

DEJA DE COMPARAR (SESGO DE DISTINCIÓN)

Entre tus manos tienes el último catalogo tecnológico, y frente a ti la foto de dos móviles en una misma página. Tu presupuesto es pequeño, y te fijas en uno de los móviles que se adecua a tu presupuesto. De reojo, estas mirando al otro móvil, mucho más caro y que parece una nave espacial. Tu mirada va de un lado a otro, de la tristeza de un móvil mediocre, a la felicidad del último modelo. Tras treinta minutos mirando la página, decides cerrar el catálogo por el bien de tu salud, e irte a dar un paseo. Tu cerebro se ha bloqueado por culpa del sesgo de distinción.

Este sesgo implica una tendencia a exagerar la importancia de pequeñas diferencias cuando comparamos diferentes opciones, ya sea en productos, servicios o decisiones personales. Esta inclinación se manifiesta especialmente cuando evaluamos opciones de forma conjunta, buscando minuciosamente cada detalle para justificar nuestras preferencias.

Durante este proceso, tendemos a sobrevalorar el nivel de satisfacción que experimentaremos con la opción elegida. Nos preocupa enormemente elegir la opción menos adecuada y tememos sentir malestar o arrepentimiento a largo plazo.

Curiosamente, cuando no tenemos la oportunidad de elegir entre diversas opciones, como suele suceder en la vida cotidiana, parece que nos conformamos más fácilmente. En tales casos, las diferencias potenciales entre las opciones no exploradas no parecen importarnos tanto, y, sorprendentemente, nos sentimos contentos con lo que tenemos disponible.

¿TE APETECE UNA PERA?

Imaginemos a un hombre sentado frente a una mesa, al cual le ofrecemos una pera de forma inesperada y gratuita. Sin pensarlo dos veces, acepta con entusiasmo y comienza a disfrutarla. En este escenario, la elección es simple y directa: una sola opción disponible, sin comparaciones ni decisiones complejas.

Ahora, repliquemos la situación, pero esta vez presentándole dos peras y pidiéndole que elija una. Una de ellas es la misma pera del primer caso, todavía en buen estado, pero con algunos días de haber sido recolectada. La otra pera, en contraste, parece más fresca y atractiva. El hombre, al evaluar ambas opciones, se inclina por la aparentemente más fresca.

En esta segunda situación, si le preguntáramos al hombre si cree que habría sido igualmente feliz eligiendo la pera que no tenía tan buen aspecto, es probable que responda negativamente. La mera comparación entre las dos opciones lo llevó a valorar más la pera que parecía estar en mejores condiciones.

Aquí radica la diferencia entre el modo experiencial y el modo comparativo. En la primera situación, donde solo se presentó una opción, el hombre simplemente disfrutó de la pera sin cuestionamientos ni comparaciones. En cambio, en la segunda situación, al tener que elegir entre dos opciones, entró en el modo comparativo, donde la percepción de la calidad de las peras se vio influenciada por la comparación directa entre ellas, incluso si ambas eran igualmente comestibles y nutritivas. La elección de la pera que parecía más fresca le brindó una sensación de satisfacción mayor, simplemente porque era la mejor opción entre las dos presentadas.

INSATISFACCIÓN CRÓNICA

La historia de las dos peras ilustra cómo nuestras percepciones y satisfacción pueden cambiar según las opciones que se nos presenten y cómo las comparemos. En este caso, el hombre inicialmente estaba contento con una pera que se le ofreció de forma inesperada y gratuita. Sin embargo, cuando se le dio la opción de elegir entre dos peras, su percepción cambió y optó por la que parecía más fresca y apetecible.

Este cambio en la percepción refleja cómo, en muchas ocasiones, nuestra satisfacción está influenciada por la comparación directa entre las opciones disponibles. Cuando no tenemos la oportunidad de comparar, podemos estar perfectamente satisfechos con lo que tenemos. Sin embargo, una vez que se nos presenta la posibilidad de elegir entre diferentes alternativas, es natural que nuestra atención se centre en obtener lo que percibimos como la mejor opción.

Este fenómeno puede llevarnos a sentirnos constantemente insatisfechos, ya que siempre tendemos a buscar y desear lo que consideramos que es lo mejor o más deseable. Esto puede conducir a una búsqueda interminable de la perfección y la insatisfacción crónica, ya que nunca nos conformamos con lo que tenemos y siempre estaremos aspirando a más o mejor.

La historia de las dos peras nos recuerda la importancia de ser conscientes de cómo nuestras percepciones y elecciones están influenciadas por la comparación y la búsqueda de lo mejor. A veces, simplemente disfrutar y apreciar lo que tenemos puede ser más satisfactorio que perseguir constantemente lo que creemos que es lo mejor. Aprender a valorar lo que tenemos y encontrar satisfacción en las pequeñas cosas puede ser clave para encontrar una mayor felicidad y bienestar en nuestras vidas.

¡DEJA DE COMPARAR!

Aunque es difícil escapar del sesgo de distinción, siempre podemos realizar unos pequeños cambios para que nuestras decisiones se adapten mejor a las necesidades reales que tenemos.

- Evita comparar opciones uno al lado del otro: Cuando comparamos opciones directamente, caemos en la trampa de buscar minucias y diferencias irrelevantes. Aquí es donde comienzan los problemas, ya que nos enfocamos demasiado en pequeñas diferencias cuantitativas. Para evitar esto, es mejor evaluar cada opción individualmente y con sus propios méritos.

Por ejemplo, si estás en busca de una casa, no la compares directamente con otra. En lugar de eso, dedica tiempo a cada casa, concentrándote únicamente en lo que te gusta y lo que no de cada una. Esto incluye factores como el tamaño, la distancia al trabajo, la proximidad a amigos, la comodidad y el ambiente de la vecindad. Luego, elige la casa que te brinde la mejor experiencia en general.

- Define tus requisitos antes de comprar: Los vendedores hábiles a menudo aprovechan el sesgo de distinción para persuadirnos y hacernos comprar cosas que no necesitamos y que no mejorarán nuestra felicidad. Para defenderte, escribe tus necesidades indispensables antes de hacer una compra. Enumera por qué estás comprando ese artículo y cuáles son tus condiciones no negociables. Así, cuando encuentres una opción que cumpla con todas esas condiciones, podrás elegirla sin quedarte con características superfluas.

- Enfócate menos en las cosas materiales: Los estudios sugieren que tendemos a subestimar nuestra capacidad para adaptarnos a niveles estables de felicidad con el tiempo, un fenómeno conocido como "adaptación hedónica". Por ejemplo, un aumento de sueldo o una casa más grande no nos harán felices indefinidamente, ya que nos acostumbramos a ellos rápidamente. La clave es optimizar las experiencias infrecuentes, como pasar tiempo de calidad con amigos o realizar viajes emocionantes, ya que estas experiencias nos brindan una felicidad más duradera.

UNA MIRADA AL PASADO (SESGO RETROSPECTIVO)

Hoy me levanté con una sensación extraña, como una especie de presentimiento. No le di extremada importancia, y seguí con mi rutina diaria, como cualquier otro día. Llegue tarde al trabajo, se me borraron accidentalmente varios ficheros, y se me olvido llevarme la comida. Al llegar a casa, analice mi día. Me convencí, totalmente, de que sabía que todo esto iba a ocurrirme hoy, y mientras me miraba al espejo confirmé lo fácil que es caer en el sesgo retrospectivo.

Este sesgo, es un fenómeno psicológico que se manifiesta cuando tendemos a percibir un evento pasado como si hubiera sido previsible o inevitable después de que ocurrió, incluso cuando no teníamos conocimiento o evidencia de ello en el momento. En otras palabras, es la tendencia a creer erróneamente que podríamos haber predicho un resultado una vez que conocemos el desenlace.

Imagina que estás reflexionando sobre un evento pasado, como una elección personal o un resultado histórico significativo. Después de conocer el resultado, te encuentras pensando: "Debería haberlo visto venir" o "Era obvio que iba a pasar eso". Esta sensación de claridad retroactiva es precisamente lo que caracteriza al sesgo retrospectivo. Nos hace creer, de manera errónea, que teníamos el conocimiento o la previsión necesarios para anticipar el resultado, incluso cuando no teníamos indicios claros en ese momento.

Este sesgo es capaz de distorsionar nuestra evaluación de eventos pasados, provocando una revisión retrospectiva de nuestras creencias y percepciones. Nos hace sobrevalorar nuestra propia capacidad de previsión y subestimar la incertidumbre inherente a la toma de decisiones en el momento. Nos engaña para pensar que éramos más sabios de lo que realmente éramos en el momento, lo que puede llevar a una sensación exagerada de seguridad en nuestras propias habilidades de juicio.

LA CRISIS FINANCIERA DE 2008

Si hay un gran hito económico, que todavía sacude a la gente de mi generación es la crisis financiera de 2008. El colapso financiero de 2008 es un ejemplo destacado que ilustra perfectamente el sesgo retrospectivo. Después de que el mercado se desplomara y la economía global se viera afectada, abundaron las voces que afirmaban haber previsto el desastre. Los expertos financieros y comentaristas salieron en tropel para proclamar que habían advertido sobre las señales de alarma mucho antes de que ocurriera el colapso.

Sin embargo, retrocedamos en el tiempo, justo antes de que la crisis se desencadenara. En aquel entonces, hubo una notable falta de consenso entre los expertos sobre las implicaciones de las prácticas financieras arriesgadas que estaban en juego. Si bien algunos analistas señalaban ciertos indicadores de peligro, muchos otros minimizaban los riesgos o no anticipaban las ramificaciones devastadoras que tendrían lugar.

Este ejemplo resalta cómo el sesgo retrospectivo puede distorsionar nuestra percepción de la realidad, especialmente cuando miramos hacia atrás con el conocimiento del resultado. Después del hecho, parece obvio que las señales de problemas financieros eran evidentes y que deberíamos haber anticipado la crisis. Sin embargo, en el momento en que se estaban desarrollando los acontecimientos, la situación era mucho menos clara y la incertidumbre estaba presente en gran medida.

El sesgo retrospectivo nos hace sentir que teníamos información que realmente no teníamos en ese momento. Nos lleva a creer erróneamente que la crisis era inevitable y predecible, cuando en realidad había una considerable ambigüedad y falta de consenso en el momento. Este ejemplo subraya la importancia de reconocer la influencia del sesgo retrospectivo y adoptar una perspectiva más matizada y reflexiva cuando reflexionamos sobre eventos pasados.

YA SABÍA YO QUE IBA A PASAR

El término sesgo retrospectivo, fue conceptualizado por los psicólogos Baruch Fischhoff y Ruth Beyth en la década de 1970. Estos investigadores demostraron de manera convincente cómo las personas tienen una tendencia inherente a sobrestimar su capacidad de previsión retrospectiva cuando evalúan eventos pasados.

En uno de los primeros experimentos sobre el sesgo retrospectivo, Fischhoff y Beyth presentaron a los participantes una serie de escenarios hipotéticos y les pidieron que estimaran la probabilidad de que ocurrieran varios resultados diferentes. Después de que se revelara la verdad sobre los escenarios, los participantes volvieron a evaluar su probabilidad de ocurrencia. Sorprendentemente, muchos participantes mostraron una tendencia a creer que habían previsto correctamente el resultado real, incluso cuando no tenían información para respaldar esa afirmación antes de que se revelara la verdad.

Este estudio y otros similares revelaron que el sesgo retrospectivo es un fenómeno psicológico muy arraigado en la cognición humana. Uno de los principales factores que contribuyen a este fenómeno es la tendencia inherente de nuestra mente a reorganizar y reinterpretar eventos pasados a la luz de la información presente. Nuestra memoria es altamente maleable y susceptible a la influencia de nuestras creencias actuales y percepciones. Cuando miramos hacia atrás en el tiempo, tendemos a filtrar los recuerdos a través del conocimiento adquirido desde entonces, lo que distorsiona nuestra percepción de lo que realmente sabíamos o entendíamos en ese momento.

Además, la necesidad básica de encontrar sentido y coherencia en nuestra experiencia puede llevarnos a atribuir retrospectivamente más orden y previsibilidad a los eventos pasados de lo que realmente existía en el momento. Buscamos patrones y conexiones entre eventos para dar sentido al mundo que nos rodea y para sentirnos seguros en nuestro entendimiento del entorno. Esta tendencia inherente a buscar significado y orden puede llevarnos a reinterpretar eventos pasados como más previsibles de lo que realmente eran, lo que contribuye al sesgo retrospectivo.

Otro factor que contribuye al sesgo retrospectivo es el efecto de la autoimagen positiva. Como seres humanos, tenemos una tendencia natural a querer mantener una imagen positiva de nosotros mismos y de nuestras habilidades. Cuando miramos hacia atrás en eventos pasados, especialmente aquellos en los que participamos activamente, podemos sentir la necesidad de reforzar nuestra autoestima al convencernos de que éramos más competentes o perspicaces de lo que realmente éramos en ese momento. Este impulso puede llevarnos a reinterpretar selectivamente los recuerdos para hacerlos coincidir con una imagen más positiva de nosotros mismos.

ADOPTANDO HUMILDAD INTELECTUAL

El sesgo retrospectivo puede llevarnos a juzgar nuestras decisiones pasadas de manera más crítica de lo que lo haríamos en el momento en que las tomamos. Después de conocer el resultado de una decisión, podemos sentir que deberíamos haber visto las señales de advertencia o haber actuado de manera diferente, lo que puede generar sentimientos de arrepentimiento o autocastigo.

El sesgo retrospectivo también puede influir en cómo percibimos y juzgamos las acciones de otras personas. Después de conocer el resultado de las acciones de alguien, podemos creer erróneamente que deberían haber sabido mejor o actuado de manera diferente en ese momento, sin considerar las limitaciones de información o perspectiva que podrían haber enfrentado.

Para contrarrestar el sesgo retrospectivo, es esencial desarrollar una conciencia aguda de su presencia y comprender cómo afecta nuestra percepción de los eventos pasados. Esto implica reconocer que nuestra comprensión actual del evento puede influir significativamente en cómo recordamos y evaluamos nuestra percepción pasada del mismo. Al entender que nuestras creencias y conocimientos actuales pueden distorsionar nuestra visión del pasado, podemos comenzar a abordar este sesgo de manera más efectiva.

Una estrategia clave para contrarrestar el sesgo retrospectivo es adoptar una actitud de humildad intelectual. Esto implica reconocer la limitación de nuestro conocimiento y comprender que, en el momento en que ocurrieron los eventos pasados, es posible que no tuviéramos acceso a la misma información o perspectivas que tenemos ahora. Al aceptar la incertidumbre y la complejidad inherentes a los eventos pasados, podemos mitigar la tendencia a reinterpretar retrospectivamente los eventos de manera simplista o predecible.

Además, es importante cuestionar activamente nuestras interpretaciones retrospectivas y considerar múltiples perspectivas sobre los eventos pasados. Esto implica ser reflexivos sobre las circunstancias y el contexto en el que se desarrollaron los eventos, así como reconocer las múltiples fuerzas y factores que podrían haber contribuido a su resultado. Al hacerlo, podemos evitar caer en la trampa de creer erróneamente que podríamos haber predicho el resultado de los eventos pasados.

EL MUNDO ES COMO YO (EFECTO DE FALSO CONSENSO)

El otro día mientras viajaba en el tren escuche una conversación entre dos ocupantes. No es que estuviera pegando la oreja para enterarme de la conversación, simplemente la conversación entre estas dos personas excedía por mucho el límite de decibelios permitidos en una discoteca. Hablaban de deportes, más concretamente de artes marciales mixtas. En la conversación surgió el nombre de varios luchadores, pero su acompañante no conocía a ninguno de ellos, lo que provoco su enfado. Le insistía, ¿cómo es posible que no conozcas a ninguno de estos luchadores, si todo el mundo los conoce? Evidentemente esta persona estaba cayendo en el efecto de falso consenso.

Este efecto es un fascinante fenómeno psicológico que arroja luz sobre cómo percibimos nuestras propias opiniones y creencias en relación con las de los demás. En esencia, este sesgo nos lleva a sobreestimar la prevalencia de nuestras ideas dentro de la sociedad, llevándonos a creer que nuestras posturas son más comunes o populares de lo que realmente son.

Esta tendencia a sobreestimar la aceptación de nuestras opiniones puede surgir en una variedad de situaciones cotidianas. Por ejemplo, imagine que alguien tiene una preferencia política particularmente arraigada. Esta persona podría asumir automáticamente que la mayoría de las personas comparten su visión política, basándose en su propia exposición a personas con opiniones similares en su círculo social o en su comunidad. Sin embargo, esta suposición puede ser incorrecta, y seguramente lo sea, ya que la realidad puede mostrar una diversidad mucho mayor de opiniones políticas.

Este fenómeno puede atribuirse a varios factores psicológicos subyacentes. Uno de ellos es el sesgo de selección de muestra, donde tendemos a interactuar más con personas que comparten nuestras opiniones y evitar aquellos que las contradicen (por el sesgo de confirmación). Como resultado, nuestras experiencias diarias pueden reforzar la creencia de que nuestras opiniones son más prevalentes de lo que realmente son en la sociedad en su conjunto. Además, la necesidad de validación social y pertenencia puede llevarnos a suponer que nuestras opiniones son más comunes, ya que nos sentimos más cómodos y aceptados cuando creemos que estamos en línea con la mayoría. Digamos que así no nos sentimos como el "raro".

TODOS SON Y PIENSAN COMO YO

El efecto de falso consenso ha sido un tema de gran interés en la psicología social desde la década de 1970, cuando el equipo de investigadores liderado por Lee Ross realizó estudios pioneros para explorar este fenómeno. En uno de sus experimentos más famosos que ilustra el efecto de falso consenso, los participantes fueron invitados a expresar sus opiniones sobre una serie de temas controvertidos, como la legalización del aborto o la pena de muerte. Posteriormente, se les preguntó cuántas personas creían que compartían su punto de vista. Los resultados revelaron consistentemente que los participantes tendían a estimar que había más personas que compartían sus opiniones de lo que realmente había.

Estos hallazgos fueron sorprendentes porque desafiaron la suposición común de que las personas tienen una comprensión precisa de las opiniones prevalentes en la sociedad. En cambio, los estudios de Ross y sus colegas sugirieron que tendemos a proyectar nuestras propias opiniones y creencias sobre los demás, asumiendo erróneamente que la mayoría comparte nuestro punto de vista.

Otro grupo de investigadores llevaron a cabo un estudio con una muestra de 3.065 estudiantes. La pregunta que se les formuló fue: ¿Cuánta gente de tu edad suele beber alcohol? El sesgo de falso consenso se midió de una forma muy simple. Mediante una comparación entre las estimaciones de frecuencia de la conducta de los demás, realizadas por aquellas personas que mantenían una determinada conducta y las que no.

Los "no consumidores" percibieron en mayor medida que los demás no consumían tanto alcohol, mientras que aquellos estudiantes "consumidores" indicaron más consumo entre la gente de su edad, siendo este último grupo el que hace una atribución más significativa sobre el consumo de alcohol en el resto. Esto es el efecto de falso consenso.

¿POR QUÉ PENSAMOS ASÍ?

- Sesgo de proyección: Nuestro cerebro tiende a proyectar nuestras propias experiencias, pensamientos y emociones en los demás. Esto significa que asumimos que los demás piensan y sienten de manera similar a nosotros. Este sesgo puede surgir debido a la falta de acceso directo a las mentes de los demás y a la tendencia a usar nuestras propias experiencias como punto de referencia para entender a los demás.

- Heurística de disponibilidad: Esta heurística es un atajo mental que usamos para hacer juicios rápidos basados en la información más fácilmente accesible en nuestra mente. Si nuestras propias opiniones son fácilmente accesibles en nuestra memoria, tendemos a sobreestimar su prevalencia en la población en general.

- Burbuja de filtro: En la era de las redes sociales y la información personalizada, tendemos a exponernos a opiniones y perspectivas similares a las nuestras. Esto provoca como resultado una paradoja. En un mundo interconectado, como nunca, donde millones de personas comparten contenido heterogéneo, sólo el contenido que se alinea con nuestras preferencias es el que realmente nos llega. Esto puede crear una especie de "burbuja de filtro" donde estamos rodeados principalmente por personas que comparten nuestras opiniones y valores. Como resultado, tendemos a asumir que nuestras opiniones son más comunes de lo que realmente son en la población en general.

- Presión social y conformidad: La presión social para ajustarse a las normas y expectativas del grupo puede influir en nuestra percepción de la prevalencia de ciertas opiniones. Si percibimos que la mayoría del grupo comparte una opinión particular, es más probable que asumamos que esa opinión es más común en la sociedad en general.

NO TE CREAS EL EPICENTRO DEL MUNDO

El efecto de falso consenso puede distorsionar nuestra percepción de la sociedad y llevarnos a creer que nuestras opiniones son más compartidas de lo que realmente son. Esto puede hacer que percibamos erróneamente ciertos puntos de vista como más predominantes o aceptados de lo que realmente son, lo que puede influir en nuestras decisiones y acciones. Al sobreestimar la prevalencia de nuestras propias opiniones, podemos tener dificultades para comprender y apreciar las perspectivas de quienes piensan de manera diferente. Esto puede conducir a una falta de empatía hacia aquellos con puntos de vista divergentes y dificultar la comunicación efectiva y el entendimiento mutuo en las interacciones sociales.

Además, si creemos que nuestras opiniones son ampliamente compartidas, es menos probable que cuestionemos esas opiniones o busquemos información que las desafíe. Esto puede llevar a la perpetuación de creencias erróneas o estereotipos, y a la polarización y división de la sociedad, al fortalecer las opiniones extremas y desalentar el compromiso y la cooperación entre diferentes grupos.

Para solucionar este sesgo, debemos partir de la premisa de que ni nuestras creencias, ni nuestras preferencias, ni nuestras aficiones, ni gustos, ni emociones pueden ser compartidas por la mayoría de las personas, ya que es muy difícil que todas en su conjunto sean compartidas al mismo tiempo. Esto implica un acto de autoevaluación crítica, una asimilación de la diversidad existente fuera de nuestros pensamientos y juicios, que nos permitirán no volver a situarnos en el epicentro del mundo.

LA ATENCIÓN QUE RECIBIMOS (EFECTO FOCO)

Mientras el otro día caminaba con una amiga, pude comprobar que llevaba una mano colocada de manera antinatural. Extrañado le pregunte el motivo de llevar la mano de esa manera, a lo que me contesto susurrando que tenía una mancha en la camiseta, y pretendía taparla durante el resto del día. Cuando me dejo verla, me quede sorprendido por el ridículo tamaño de la mancha, y la innecesaria tarea de taparla. Ella estaba convencida de que la vería todo el mundo, y claramente estaba siendo presa del efecto foco.

El efecto de foco es un fenómeno psicológico que ilustra la tendencia humana a sobrevalorar la atención que creemos recibir de los demás. Nos lleva a pensar que somos el centro de atención en situaciones sociales, atribuyendo más importancia a nuestras acciones y apariencia de lo que realmente tienen para los demás.

Este sesgo cognitivo puede observarse en diversas situaciones de la vida cotidiana. Por ejemplo, cuando nos preocupamos por nuestra apariencia física en eventos sociales, como una fiesta o una reunión, tendemos a creer que los demás notan pequeños defectos en nuestra ropa o cabello, cuando en realidad la mayoría de las personas están más enfocadas en sus propias interacciones y conversaciones.

La razón detrás de este efecto radica en nuestra propia autoconciencia y tendencia a pensar en exceso sobre nosotros mismos en situaciones sociales. Nosotros, como individuos, somos el principal punto de referencia en nuestras vidas, y a menudo suponemos que los demás nos prestan la misma atención que nosotros nos préstamos a nosotros mismos. Sin embargo, la realidad es que la mayoría de las personas están ocupadas con sus propias vidas y preocupaciones, y no dedican tanto tiempo y energía a observar y juzgar las acciones y apariencia de los demás como podríamos creer.

EL EXPERIMENTO DE BARRY MANILOW

Para demostrar este sesgo, en el año 2000 los investigadores Thomas Gilovich, Victoria Husted Medvec y Kenneth Savitsky en la Universidad de Cornell diseñaron un estudio en el que participaron un grupo de voluntarios reclutados en el campus universitario.

En primer lugar, los participantes fueron divididos en dos grupos. A uno de los grupos se le asignó usar una camiseta con una imagen prominente, como la cara de Barry Manilow, famoso cantante americano, mientras que al otro grupo se le asignó una camiseta neutra sin imágenes llamativas. Posteriormente, los participantes fueron llevados a una sala común donde interactuaron con otros individuos durante un período de tiempo determinado. Durante esta interacción, los investigadores registraron discretamente el comportamiento de los participantes y observaron las reacciones de los demás en respuesta a la imagen en las camisetas. Después de la interacción social, los participantes fueron entrevistados y se les pidió que estimaran cuántas personas notaron y recordaron la imagen en sus camisetas. También se les preguntó sobre su percepción de la atención social recibida durante la interacción.

Los resultados del estudio revelaron consistentemente que los participantes que llevaban camisetas con imágenes llamativas sobreestimaron la cantidad de atención que recibieron de los demás. Por otro lado, aquellos que llevaban camisetas neutras subestimaron la atención que atrajeron. Las conclusiones obtenidas de este experimento respaldaron la idea de que las personas tienden a sobreestimar la atención social que reciben en situaciones cotidianas. Este fenómeno fue atribuido a la autoconciencia y la preocupación por la impresión social, lo que lleva a las personas a pensar que son más notables de lo que realmente son.

Gracias a este estudio, existe una evidencia empírica sobre el efecto de foco y cómo nuestra percepción sobre la atención social puede estar sesgada por nuestras propias preocupaciones y autoconciencia.

NO ESTAS EN EL "SHOW DE TRUMAN"

"El Show de Truman", la famosa película del año 1998, narra la vida de Truman Burbank, quien vive en un aparente idílico pueblo llamado Seahaven. Lo que Truman no sabe es que su vida es en realidad un programa de televisión en el que ha sido el protagonista desde su nacimiento. Todo en su mundo está cuidadosamente diseñado para el espectáculo, desde las personas que lo rodean hasta los eventos que experimenta. A medida que Truman comienza a notar inconsistencias en su realidad y a cuestionar su existencia, se embarca en un viaje para descubrir la verdad detrás de su vida aparentemente perfecta. En esta película se abordan temas como la libertad, la privacidad y la búsqueda de la verdad en un mundo altamente mediático y controlado.

Así, a veces, las personas se sienten como si estuvieran en el "Show de Truman", cuando la realidad es totalmente distinta. Mientras el personaje de Truman se da cuenta, poco a poco, de que parece que todo gira a su alrededor, nosotros solemos vivir ya con esta sensación programada. Al contrario que Truman, nosotros debemos hacer un ejercicio inverso, y debemos dejar de pensar que la realidad gira alrededor nuestra. Por el contrario, debemos comenzar a pensar que nuestra presencia, en la mayoría de las ocasiones, pasa totalmente desapercibida, lo que puede resultar un gran alivio. ¿Te imaginas ser el centro de atención constante para todo el mundo? Seguro que muchos artistas pueden hablarnos sobre esta sensación, uno de los inconvenientes que tiene dicha profesión.

LAS VENTAJAS DE NO ESTAR EN EL FOCO

El efecto foco no sólo puede provocar que procesemos erróneamente la información, e implique, consecuentemente, la toma de decisiones poco optimas, sino que también puede llegar a producir en las personas alteraciones psicológicas y de salud. Por ello, es de vital importancia entender cuáles son las ventajas de no sentirse el centro de atención:

- Al no preocuparse constantemente por lo que piensan los demás se puede experimentar una reducción significativa del estrés y la ansiedad.

- Liberarse de la preocupación por el juicio de los demás puede permitir una mayor libertad para ser auténtico y actuar de acuerdo con los propios valores y deseos, en lugar de tratar de cumplir con las expectativas externas.

- Al no centrarse constantemente en uno mismo, se puede dedicar más atención y energía a las relaciones con los demás, lo que puede fortalecer los lazos sociales y mejorar la calidad de las interacciones.

- Al dejar de preocuparse por ser el centro de atención, nos podemos enfocar en el crecimiento personal y el desarrollo de habilidades y pasiones sin la presión de impresionar a los demás.

- En el camino hacia el logro de objetivos, tanto personales como profesionales, necesitamos desapegarnos de la constante preocupación de lo que pensaran los demás. Al quitarle importancia a lo que puedan pensar otras personas sobre nosotros y nuestras acciones, podemos ser más valientes y audaces para perseguir nuestros objetivos y metas.

MOTIVACIÓN VS RECOMPENSAS (EFECTO DE SOBREJUSTIFICACIÓN)

Mi sobrino suele tocar el clarinete. Cuando era pequeño le dieron la oportunidad de tocar un instrumento y su elección fue ese instrumento de viento que tanta curiosidad le producía. Al principio disfrutaba haciéndolo sonar, y se pasaba mucho tiempo intentando mejorar. Con el tiempo, y poco a poco, se fue alejando, y lo que eran horas de práctica pasaron a ser minutos, y lo que era curiosidad, paso a ser pura obligación. Incluso hubo un momento en el que su padre observando la deriva del instrumento, decidió que si dedicaba una hora a tocar el clarinete sería recompensado con otra actividad mucho más apasionante como forma para motivarle. Justo en ese momento surgió el efecto de sobrejustificación.

Este efecto es un fenómeno complejo que se manifiesta cuando las personas, al recibir recompensas externas o incentivos por realizar ciertas acciones, tienden a atribuir su comportamiento principalmente a estas recompensas externas, en lugar de reconocer y valorar su motivación intrínseca o interna para realizar dichas acciones.

Cuando una persona realiza una actividad por su propio interés, pasión o satisfacción personal, se considera que está motivada intrínsecamente. Esta motivación interna surge del disfrute de la actividad en sí misma y de la satisfacción que proviene de alcanzar metas personales, aprender algo nuevo o experimentar un sentido de logro. Sin embargo, cuando se introduce una recompensa externa, como dinero, reconocimiento o premios, la persona puede comenzar a percibir su motivación de manera diferente. En lugar de centrarse en su interés genuino en la actividad, la persona puede empezar a atribuir su comportamiento a la recompensa externa que recibirá. Esto puede llevar a una justificación excesiva de sus acciones, donde la persona enfatiza la recompensa externa como la principal razón para realizar la actividad, en lugar de reconocer su verdadera motivación interna.

Esta tendencia puede tener consecuencias negativas, especialmente en el contexto de la motivación intrínseca. Cuando las personas se acostumbran a recibir recompensas externas por realizar ciertas tareas, pueden comenzar a depender de esas recompensas para sentirse motivadas, lo que puede disminuir su motivación interna a largo plazo. Además, si las recompensas se retiran en algún momento, la persona puede experimentar una disminución significativa en su motivación para realizar la actividad, lo que puede llevar al abandono de la tarea.

Es importante destacar que el efecto de sobrejustificación no significa que las recompensas externas siempre sean contraproducentes. En algunos casos, las recompensas pueden servir como un incentivo útil para motivar ciertas conductas o alcanzar objetivos específicos. Sin embargo, es crucial encontrar un equilibrio entre el uso de recompensas externas y el fomento de la motivación intrínseca para garantizar que la motivación sea duradera y significativa.

CUANDO LA RECOMPENSAS EXTERNAS DESTRUYEN LA MOTIVACIÓN

En uno de los primeros estudios que exploró este fenómeno (en 1971), Edward Deci y su equipo llevaron a cabo un experimento que involucraba a dos grupos con un interés similar en resolver un desafío de rompecabezas, pero bajo dos condiciones distintas. Mientras que el grupo de control no recibió ninguna compensación durante los tres días de la actividad, al grupo experimental se le pagó solo el segundo día. Durante los intervalos de descanso, los participantes tenían la libertad de realizar cualquier actividad de su preferencia.

Los resultados revelaron que el grupo experimental dedicó considerablemente más tiempo a resolver el rompecabezas durante su tiempo de descanso en el segundo día, cuando recibieron la compensación. Sin embargo, esta dedicación disminuyó significativamente en el tercer día, cuando ya no se les ofreció ninguna recompensa. Este hallazgo sugiere que la recompensa monetaria externa tuvo un impacto negativo en la motivación intrínseca de los participantes para realizar la tarea.

Este estudio proporciona una clara evidencia de cómo las recompensas externas pueden disminuir la motivación intrínseca, lo que tiene importantes implicaciones en diversos contextos, desde la educación hasta el entorno laboral. Comprender el impacto de las recompensas extrínsecas en la motivación intrínseca es crucial para crear entornos que fomenten el compromiso genuino y la satisfacción a largo plazo.

LA IMPORTANCIA DE AJUSTAR LAS RECOMPENSAS

Un experimento realizado por investigadores de la Universidad del Sur Metodista involucró a 188 estudiantes universitarias en la evaluación del interés sostenido en una tarea cognitiva, específicamente un juego de palabras. Estos estudiantes fueron divididos en dos grupos para el estudio.

Al primer grupo se le informó que recibirían una compensación basada en su rendimiento: aquellas que superaran el promedio obtendrían una mayor remuneración, mientras que aquellas que quedaran por debajo del promedio recibirían una menor remuneración. Por otro lado, al segundo grupo se le comunicó que simplemente se les pagaría por completar la tarea, sin importar su rendimiento específico. En este caso, la cantidad de compensación dependería del número de repeticiones o el tiempo dedicado a la actividad.

Posteriormente, a la mitad de los participantes de cada grupo se les dijo que su desempeño había sido superior, mientras que a la otra mitad se les informó que su rendimiento había sido inferior, independientemente de su desempeño real en la tarea.

Curiosamente, los participantes del primer grupo con un desempeño superior persistieron en el juego durante más tiempo que los participantes con un desempeño inferior, mientras que en el segundo grupo sucedió lo contrario: los participantes con un desempeño inferior jugaron durante más tiempo que los participantes con un desempeño superior.

Este estudio sugiere que cuando las recompensas no están directamente vinculadas al rendimiento, las mayores compensaciones resultan en una menor motivación interna. Sin embargo, cuando las recompensas se ajustan al rendimiento, las mayores compensaciones generan una mayor motivación interna.

¿OTRO EXPERIMENTO MÁS? SI, PERO AHORA CON NIÑOS

En 1973, un equipo de investigadores liderado por Mark Lepper, David Greene y Richard Nisbett realizó un experimento innovador con niños de entre 3 y 5 años en una guardería. Observaron que a estos niños les encantaba colorear y dibujar con marcadores de colores, mostrando una motivación intrínseca por esta actividad creativa.

Con el objetivo de explorar cómo las recompensas externas afectaban esta motivación intrínseca, los investigadores dividieron a los niños en tres grupos diferentes, introduciendo diferentes variables mientras mantenían un grupo como control.

Los grupos se organizaron de la siguiente manera:

- Recompensa esperada: A este grupo se les prometió un diploma de "Buen Jugador" si participaban en la actividad de dibujo con marcadores.

- Recompensa inesperada: A este grupo no se les dijo nada sobre la recompensa, pero al finalizar la actividad recibirían también un diploma de "Buen Jugador".

- Sin recompensa: Este grupo no recibió ninguna información sobre recompensas y tampoco se les otorgaron diplomas al finalizar la actividad, sirviendo como grupo de control.

Después de completar las actividades, los investigadores observaron el comportamiento de los niños durante una semana para ver cuánto tiempo dedicaban a usar los marcadores sin la influencia de los adultos. Descubrieron que el grupo de recompensa esperada mostraba menos interés en la actividad en comparación con los otros grupos. Parecía que el simple hecho de esperar una recompensa había afectado su motivación intrínseca. Por otro lado, el grupo que recibió la recompensa de manera inesperada no mostró cambios significativos en su interés, ya que desconocían la existencia de la recompensa hasta el final de la actividad. Su participación se atribuyó al disfrute genuino de la actividad en sí misma. Los niños que nunca recibieron ninguna recompensa tampoco mostraron disminución en su interés por la actividad, lo que respalda la idea de que las recompensas esperadas pueden debilitar la motivación interna en actividades que antes disfrutaban.

Este experimento ilustra cómo las recompensas externas pueden afectar la motivación intrínseca de las personas, lo que puede tener implicaciones importantes en el ámbito educativo, laboral y creativo.

PIÉNSALO DOS VECES ANTES DE ESTABLECER RECOMPENSAS

En el complejo entramado de las motivaciones humanas, el diseño y la implementación de recompensas juegan un papel crucial. Es fundamental considerar detenidamente cómo y cuándo se ofrecen estas recompensas para evitar caer en el peligroso efecto de sobrejustificación.

Por lo tanto, es esencial reflexionar sobre cómo se estructuran estas recompensas. ¿Se ofrecen de manera inesperada, como una sorpresa que viene después del logro, o se anuncian desde el principio como un incentivo para participar? Esta distinción puede marcar la diferencia entre mantener o erosionar la motivación intrínseca.

Además, es crucial considerar la naturaleza de la tarea en sí misma. ¿Es intrínsecamente gratificante por sí sola, o es más bien monótona o desafiante? En el primer caso, las recompensas externas pueden ser menos necesarias y potencialmente contraproducentes, mientras que en el segundo caso pueden servir como un estímulo adicional para mantener la participación y el compromiso.

Otro aspecto importante es la variedad y la calidad de las recompensas ofrecidas. ¿Son significativas y alineadas con los valores y metas personales, o son simplemente incentivos superficiales? Las recompensas que están intrínsecamente relacionadas con la tarea en cuestión, como el reconocimiento por el esfuerzo o la oportunidad de aprender y crecer, pueden ser más efectivas para mantener la motivación intrínseca a largo plazo.

La reflexión cuidadosa sobre cómo se diseñan e implementan las recompensas puede ayudar a evitar el efecto de sobrejustificación y preservar la motivación intrínseca. Al comprender la compleja interacción entre las recompensas externas y la motivación interna, podemos crear entornos que fomenten un compromiso genuino y duradero con las tareas y actividades que realizamos.

LAS COSAS ESTÁN MAL (SESGO DE NEGATIVIDAD)

El otro día fui a comer con un amigo que hacía mucho tiempo que no veía. Al entrar al restaurante estaba igual que siempre con su mirada perdida, ausente, como cuando era un niño.

Estuvimos casi dos horas poniéndonos al día de todas las novedades. Cuando terminamos se levantó y me dijo que sentía mucho que la vida no me estuviera yendo bien. Extrañado le pregunte a que se refería. El repitió de manera literal la única novedad negativa que le había transmitido durante las casi dos horas llenas de buenas noticias e ilusión. Acababa de atestiguar los estragos del sesgo de negatividad.

A diferencia de ser negativo, que conlleva una perspectiva pesimista o sombría de la vida, el sesgo de negatividad es un fenómeno psicológico que describe la tendencia de las personas a prestar más atención, recordar con mayor intensidad y dar más peso a las experiencias, eventos o información negativa que a las positivas. En otras palabras, las personas tienen una tendencia involuntaria a enfocarse y dar más importancia a los aspectos negativos de una situación mientras minimizan o pasan por alto los aspectos positivos.

Por ejemplo, en nuestras relaciones interpersonales, este sesgo puede influir en cómo percibimos y respondemos a las palabras y acciones de los demás. Siempre tendemos a prestar más atención a las críticas o comentarios negativos que recibimos, incluso si también hay elogios o palabras de apoyo presentes. Esta tendencia puede llevarnos a interpretar de manera exageradamente negativa las intenciones de los demás y a experimentar resentimiento o conflicto de manera innecesaria.

Además, el sesgo de negatividad puede influir en nuestra toma de decisiones y en nuestra capacidad para evaluar riesgos y beneficios de manera objetiva. Cuando nos enfrentamos a una situación en la que debemos tomar una decisión, es más probable que nos centremos en los posibles resultados negativos y subestimemos los aspectos positivos. Esto puede llevarnos a adoptar una postura más conservadora y evitar tomar riesgos, lo que a su vez puede limitar nuestras oportunidades de crecimiento y desarrollo personal.

En el ámbito de la salud mental y emocional, las personas que tienden a enfocarse en lo negativo pueden experimentar niveles más altos de estrés, ansiedad y depresión. Esto se debe a que rumiar constantemente sobre los aspectos negativos de la vida puede alimentar un ciclo de pensamientos negativos y emociones desagradables, lo que contribuye al malestar emocional.

¿POR QUÉ SOMOS TAN NEGATIVOS?

Se ha intentado encontrar una explicación basada en la evolución y la biología para comprender por qué los seres humanos tendemos a prestar más atención a los aspectos negativos que a los positivos. A continuación, exploraremos las bases evolutivas y biológicas detrás del sesgo de negatividad.

- Fundamentos evolutivos: Según el neurocientífico Rick Hanson, el sesgo de negatividad tiene raíces evolutivas. Él argumenta que este fenómeno se desarrolló como una adaptación, ya que nuestros antepasados aprendieron a tomar decisiones prudentes basadas en el riesgo asociado. Aquellos individuos que recordaban y evitaban los eventos negativos tenían mayores posibilidades de sobrevivir, lo que condujo a la transmisión de este patrón de comportamiento a través de generaciones. Por lo tanto, el sesgo de negatividad se arraigó en nuestra especie como una estrategia adaptativa para garantizar la supervivencia. Nuestros cerebros se han moldeado para dar prioridad a los aspectos negativos, atendiendo más a las señales de peligro que a las experiencias positivas.

- Fundamentos biológicos: Los estudios realizados por el psicólogo estadounidense John Cacioppo han demostrado que el procesamiento neuronal del sesgo de negatividad involucra una mayor activación cerebral en comparación con el procesamiento de estímulos positivos. Esto sugiere una base biológica para nuestra tendencia a enfocarnos en lo negativo. La mayor activación cerebral asociada con la percepción de estímulos negativos podría explicar por qué los seres humanos tienden a prestar más atención a las amenazas y los peligros potenciales en su entorno.

Tanto las bases evolutivas como las biológicas respaldan la idea de que el sesgo de negatividad es una característica arraigada en la naturaleza humana, desarrollada a lo largo de la evolución para ayudarnos a sobrevivir en entornos hostiles. Esta comprensión nos permite reflexionar sobre cómo podemos contrarrestar este sesgo y fomentar una visión más equilibrada y positiva del mundo que nos rodea.

TODAS LAS NOTICAS SON MALAS

Las noticias que consumimos a diario a través de diversos medios de comunicación, ya sea televisión, radio, periódicos o en línea, suelen estar impregnadas de negatividad. Este fenómeno puede explicarse en parte por el sesgo de negatividad. Por ello, es importante reconocer que los medios de comunicación tienen el objetivo de captar la atención de su audiencia. Para lograrlo, tienden a enfocarse en noticias que generen emociones intensas, ya sean positivas o negativas. Sin embargo, las noticias negativas suelen provocar una respuesta emocional más fuerte en las personas, como acabamos de ver. Esto se debe a que el cerebro humano está cableado para prestar más atención a las amenazas y los peligros potenciales, como parte de un mecanismo de supervivencia evolutivo.

Además, el sesgo de negatividad puede influir en la selección y presentación de noticias por parte de los medios de comunicación. Los periodistas pueden estar más inclinados a cubrir eventos negativos porque saben que son más impactantes y atractivos para la audiencia. Como resultado, las noticias sobre crímenes, desastres naturales, conflictos y problemas sociales tienden a recibir más cobertura mediática que las historias positivas.

Pero es que también, existe una demanda más alta por parte del público de las noticias negativas. Las personas tienden a sentir curiosidad y preocupación por lo que está mal en el mundo, ya que les permite sentirse informadas y preparadas para enfrentar posibles riesgos. Esto crea un ciclo en el que los medios de comunicación proporcionan noticias negativas para satisfacer la demanda del público, y el público consume más noticias negativas debido a su propia predisposición psicológica.

Todo esto, nos debe hacer reflexionar sobre la utilidad que tiene el consumir tanta noticia negativa. Consumir constantemente noticias negativas genera estrés, ansiedad y una visión pesimista y distorsionada de la realidad. Es necesario tener un consumo reducido y responsable de las noticias, que nos permita estar suficientemente informados, pero no contamine nuestra forma de ver el mundo.

PIENSA MAL Y ACERTARÁS

A través de esta expresión, el ser humano anticipa todo lo que puede salir mal, sin que tenga la certeza de que sus conjeturas son correctas. Aunque para muchos esta es la regla general en sus vidas, no es una manera correcta de vivir. Por un lado, la necesidad psicológica de anticipar los posibles problemas nos hace ser precavidos creando escenarios pesimistas, pero por otro, estar constantemente anticipando los problemas que pueden ocurrir provoca que vivamos constantemente en un estado de estrés y ansiedad, algo que además de no resultar funcional, nos puede provocar graves problemas de salud en el largo plazo.

Para cambiar nuestro instinto natural hacia la negatividad es preciso realizar algunas modificaciones en nuestra conducta para empezar a mirar la vida con otras "gafas". Para ello, practicar la gratitud y enfocarse en los aspectos positivos de la vida puede ayudar a contrarrestar el sesgo de negatividad y fomentar una mayor satisfacción y bienestar emocional. Tomarse el tiempo necesario para reflexionar sobre las cosas que valoramos y apreciamos en nuestra vida, puede ayudarnos a desarrollar una actitud más positiva y optimista hacia el futuro. Incluso sería totalmente recomendable hacer una lista diaria con todo aquello que agradecemos y valoramos en nuestra vida. Se trataría de realizar un diario de agradecimiento, que nos permita enfocar el pensamiento en lo que tenemos, y no en lo que no tenemos. Esto nos permitiría crear un hábito donde nuestra mente desvía su atención de las cosas negativas que existen en nuestras vidas, para asentarse sobre las positivas. Esto proporcionaría grandes cambios en nuestra actitud y mentalidad, y podríamos estar mejor preparados para luchar contra el sesgo de negatividad.

PROCESO VS RESULTADOS (SESGO POR RESULTADOS)

A primera hora de la mañana me encontraba en la cafetería de mi trabajo, sin ganas de hablar y con un café en la mano. De repente aparece uno de mis compañeros, de los que a primera hora parecen que llevan doce horas despierto. Estaba entusiasmado. Acababa de ganar varias apuestas que le habían hecho ganar un dinero, y tenía ganas de compartirlo con el primero que viera, en este caso yo. Tras más de diez minutos explicándome lo emocionado que estaba, y como seguiría haciendo este tipo de apuestas, acerté a preguntarle cómo había logrado ganar las apuestas. Sorprendentemente confeso que las había hecho aleatoriamente, sin ningún tipo de sistema. Aunque mi cerebro a esas horas procesaba más lento de lo habitual, acababa de identificar el sesgo por resultados.

Este sesgo es un fenómeno cognitivo que afecta la forma en que evaluamos las decisiones y acciones en función de los resultados que producen, en lugar de considerar el proceso o la información disponible en el momento de tomar la decisión. Este sesgo puede distorsionar nuestra percepción de la calidad de una decisión, ya que tendemos a juzgar su validez en función de si lleva a un resultado favorable o desfavorable, en lugar de evaluar la lógica o la racionalidad detrás de la elección inicial.

Un ejemplo ilustrativo del sesgo por resultados se puede encontrar en el ámbito de las inversiones financieras. Supongamos que un inversor decide colocar su dinero en una acción específica basándose en un análisis exhaustivo del mercado y de los fundamentos de la empresa. A pesar de esta cuidadosa consideración, la acción experimenta una caída repentina y el inversor sufre una pérdida financiera significativa. En retrospectiva, podría ser tentador para el inversor considerar que su decisión fue incorrecta simplemente porque resultó en una pérdida, sin tener en cuenta la lógica y el razonamiento detrás de la elección inicial. A veces lo movimientos en el precio de la acción no guardan, al menos en el corto plazo, una relación con el valor de la compañía, y sería un error determinar la elección de invertir en esa compañía como incorrecta, si el análisis de sus fundamentales ha sido realizado correctamente.

SU IMPORTANCIA PARA EL APRENDIZAJE

Imagina a un niño pequeño que está aprendiendo a andar en bicicleta por primera vez. Después de muchas caídas y tropezones, finalmente logra mantener el equilibrio y dar algunas pedaladas con éxito. En ese momento, su padre lo felicita y celebra su logro con entusiasmo. Sin embargo, en su siguiente intento, el niño se cae nuevamente y se lastima levemente. A pesar de que este contratiempo es parte natural del proceso de aprendizaje, el niño se siente desanimado y decepcionado. Comienza a dudar de su habilidad para aprender a andar en bicicleta y se pregunta si debería rendirse.

Aquí es donde entra en juego el sesgo por resultados. El niño podría juzgar su habilidad para andar en bicicleta únicamente en función de los resultados que ha experimentado hasta el momento. Si se enfoca únicamente en la caída reciente y la sensación de frustración que le causó, podría concluir erróneamente que no es capaz de aprender a andar en bicicleta y decidir abandonar por completo el intento. Sin embargo, el padre del niño que reconoce la importancia de no dejarse llevar por el sesgo por resultados alienta al niño a reflexionar sobre su progreso hasta ahora: cómo ha mejorado su equilibrio, cómo ha aprendido a controlar el manillar y cómo ha ganado confianza en sí mismo. Al hacerlo, el niño puede apreciar el proceso de aprendizaje en su conjunto y reconocer que las caídas son simplemente parte del camino hacia la maestría.

REFLEXIONA

Imaginemos dos escenarios aparentemente opuestos: en el primero, aceptamos un nuevo trabajo y todo parece ir perfecto. Nos rodean compañeros de trabajo excepcionales, el trabajo en sí es gratificante y, para colmo, un ascenso generoso nos espera después de solo un año. En el segundo escenario, nos encontramos en un trabajo desagradable, rodeado de compañeros hostiles y, para empeorar las cosas, nos despiden abruptamente después de tan solo un año de empleo.

Ahora, reflexionemos: ¿cuál de estas opciones fue la mejor decisión? A simple vista, podríamos inclinarnos a creer que el primer escenario fue el acertado. Sin embargo, el dilema radica en que, en ambos casos, carecemos de información sobre los factores que influyeron en nuestra elección inicial. Todo lo que tenemos es el resultado final, el resultado de nuestras decisiones.

Lo que este dilema ilustra es el sesgo de resultados, una tendencia humana a evaluar retrospectivamente la calidad de una decisión basándonos únicamente en el resultado final que produjo. Es decir, una vez que conocemos el desenlace de una situación, tendemos a creer que ese resultado era más predecible de lo que realmente era en el momento de tomar la decisión.

En este contexto, al mirar retrospectivamente, podríamos llegar a la conclusión de que el primer trabajo fue la elección evidente y correcta, simplemente porque culminó en un resultado positivo. Sin embargo, esta conclusión pasa por alto los detalles y las circunstancias que nos llevaron a tomar esa decisión inicialmente.

Así pues, este ejemplo nos recuerda la importancia de ser conscientes del sesgo de resultados al evaluar nuestras decisiones pasadas. Solo al considerar todos los factores relevantes en el momento de tomar una decisión podemos tener una perspectiva más precisa y evitar caer en las trampas de las conclusiones simplistas basadas únicamente en los resultados finales.

EVITANDO LOS MALOS RESULTADOS

El sesgo de resultados encuentra sus raíces en complejas interacciones entre nuestra cognición, emociones y estructura cerebral. En el ámbito neurológico, la retroalimentación positiva juega un papel crucial en la formación y refuerzo de patrones de pensamiento. Cuando experimentamos un resultado favorable, como el éxito en una decisión, nuestro cerebro libera neurotransmisores como la dopamina, asociando esa experiencia con sensaciones de placer y recompensa. Estas señales positivas refuerzan las conexiones neuronales relacionadas con las acciones que llevaron a ese resultado, creando una asociación mental fuerte entre la acción y el resultado positivo.

Así, por ejemplo, si nos encontramos jugando a un juego de azar donde las probabilidades van en nuestra contra, y ganamos, seguiremos jugando hasta perder todo el dinero. Esto se debe a que, con cada triunfo, la dopamina es más elevada, y se hace cada vez más difícil parar de jugar, incluso cuando sabemos que la decisión de seguir jugando es errónea.

Por otro lado, cuando enfrentamos un resultado negativo, como el fracaso o la pérdida, el cerebro activa regiones asociadas con la aversión y el estrés, como la amígdala. La activación de la amígdala puede influir en nuestros procesos cognitivos y perceptivos, alterando nuestra capacidad para procesar la información de manera clara y objetiva. Cuando estamos bajo estrés emocional, tendemos a tener dificultades para concentrarnos, tomar decisiones racionales y evaluar las situaciones de manera imparcial. Esto puede llevarnos a adoptar estrategias de afrontamiento poco efectivas, como la evitación o la negación, en un esfuerzo por reducir el malestar emocional asociado con el resultado negativo.

Además, la intensidad de nuestra respuesta emocional puede sesgar nuestra percepción de la decisión que tomamos y hacernos más propensos a atribuir el fracaso a factores externos o impredecibles, en lugar de examinar críticamente nuestro proceso de toma de decisiones. Como seres humanos, tenemos una necesidad innata de mantener una percepción positiva de nosotros mismos y preservar nuestra autoestima. En consecuencia, tendemos a recordar y enfatizar más los eventos y decisiones que nos hicieron sentir bien, mientras minimizamos o incluso ignoramos aquellos que nos causaron dolor o insatisfacción.

PROYECTANDO EL TIEMPO (FALACIA DE PLANIFICACIÓN)

Un día que estaba dando un paseo me encontré con un antiguo vecino. Se me acerco y al preguntarle cómo le iba, me contó la problemática que tenía con unas obras en su casa que le estaban quitando el sueño. Quería reformar la cocina, y las obras, que inicialmente durarían apenas un mes, llevaban "invadiendo" su casa casi tres meses. Según sus propias palabras ya no sabía qué hacer. Yo comencé a hablarle de la falacia de planificación, pero creo que no alivio su desosiego.

La falacia de planificación es un fenómeno cognitivo que revela la tendencia humana a sobreestimar nuestra capacidad para estimar y proyectar el tiempo que debe dedicarse para la realización de una tarea. Esta ilusión se manifiesta cuando creemos erróneamente que podemos planificar de manera efectiva para evitar posibles obstáculos o adversidades. En esencia, es la tendencia a subestimar el tiempo para concluir una tarea.

Una de las razones por las que ocurre la falacia de planificación es el exceso de confianza que conlleva la falta de reconocimiento de la complejidad y la incertidumbre del mundo que nos rodea. Las personas a menudo tienen una visión simplificada de las situaciones y tienden a ignorar los factores que podrían influir en los resultados. Esto los lleva a creer que tienen más control sobre los eventos de lo que realmente tienen.

LA OPERA DE SÍDNEY

Uno de los casos más emblemáticos es la construcción de la Ópera de Sídney en Australia, un proyecto icónico que sufrió importantes retrasos y sobrecostos. Cuando se emprendió la construcción de la Ópera de Sídney en la década de 1950, se proyectó como un ambicioso símbolo cultural que daría renombre internacional a la ciudad. Sin embargo, la planificación inicial subestimó drásticamente la complejidad técnica y logística del proyecto. A medida que avanzaba la construcción, surgieron una serie de desafíos imprevistos que contribuyeron a extender significativamente el cronograma original.

La falacia de planificación se hizo evidente cuando los responsables del proyecto se enfrentaron a la realidad de que la construcción de la Ópera de Sídney no avanzaba según lo planeado. Los retrasos se acumulaban, los costos se disparaban y las expectativas iniciales se desvanecían. A pesar de los esfuerzos por controlar y prever cada detalle, la incertidumbre del entorno, junto con los obstáculos técnicos y políticos, demostraron ser más formidables de lo anticipado.

Este ejemplo ilustra cómo la falacia de planificación puede afectar incluso a proyectos de gran envergadura y prestigio. Los planificadores inicialmente subestimaron la complejidad y la incertidumbre inherentes al proceso de construcción, lo que resultó en una planificación optimista y poco realista. Como resultado, la construcción de la Ópera de Sídney se desfasó con muchos años del cronograma original, y el proyecto enfrentó dificultades financieras y críticas públicas.

La lección que podemos extraer de este caso es la importancia de adoptar una perspectiva más realista y adaptable en la planificación y ejecución de proyectos públicos. Reconocer la naturaleza impredecible del entorno y estar preparados para enfrentar obstáculos inesperados puede ayudarnos a evitar las trampas de la falacia de planificación y tomar decisiones más informadas y adaptativas. En última instancia, aprender de los errores del pasado nos permite avanzar con mayor cautela y resiliencia hacia el futuro.

¿CUÁNTO MIDE LA COSTA DE GRAN BRETAÑA?

En el intrigante mundo de las matemáticas y la geografía, el matemático Benoît Mandelbrot planteó una pregunta aparentemente simple pero profundamente reveladora en su artículo titulado "¿Cuánto mide la costa de Gran Bretaña?", publicado en la revista Science. Sin embargo, la respuesta no era tan directa como muchos podrían esperar.

Mandelbrot desentrañó un enigma fascinante: la longitud de una línea costera no es una cantidad fija y constante, sino que varía drásticamente dependiendo de la escala de medida que se utilice. Cuanto más detallada sea la medición, más larga parecerá la costa. Este fenómeno, conocido como la paradoja de la costa de Mandelbrot, desafía nuestra intuición y revela la complejidad inherente de los paisajes naturales.

Este concepto, llevado al ámbito empresarial, ofrece una perspectiva intrigante sobre la planificación y la gestión de proyectos. Es como si tener un reloj más preciso al planificar hiciera que los proyectos parecieran más largos. Al desglosar minuciosamente los proyectos en diversas etapas y tareas, podemos obtener una visión más clara y detallada de su alcance y complejidad.

Al descomponer los proyectos en elementos más pequeños y manejables, aumentamos nuestras probabilidades de éxito al anticipar y abordar los desafíos potenciales de manera más efectiva. Además, al tener una comprensión más precisa de nuestras capacidades y limitaciones temporales, podemos planificar actividades dentro de un marco realista y alcanzable. Esto nos permite minimizar la falacia de planificación, al adoptar un enfoque más detallado y reflexivo en la planificación y ejecución de proyectos, reconociendo la complejidad inherente y adaptándonos a las fluctuaciones y desafíos que puedan surgir en el camino.

¿OTRA VEZ LLEGANDO TARDE?

Imagina a alguien, que constantemente llega tarde a sus compromisos, ya sea a reuniones, eventos sociales o citas laborales. Esta persona parece subestimar sistemáticamente el tiempo que realmente necesita para llegar a tiempo a sus destinos, cayendo presa de lo que se conoce como la falacia de planificación.

Esta falacia se manifiesta de diferentes maneras en la vida cotidiana, y llegar tarde es un ejemplo claro de ello. Aquellos que siempre llegan tarde a menudo creen que pueden completar todas sus tareas y llegar a sus destinos en un tiempo más corto del que realmente los lleva. Subestiman la complejidad de los desplazamientos, ignoran los posibles obstáculos en el camino y confían en que podrán llegar justo a tiempo, sin tener en cuenta la incertidumbre inherente a las posibles situaciones.

Esta persona puede estar sujeta a un exceso de confianza en sus habilidades para gestionar el tiempo, creyendo que son más eficientes de lo que realmente son. Además, puede caer en el sesgo de planificación optimista, donde planifica su día con la esperanza de que todo salga perfectamente según lo previsto, sin considerar las posibles demoras o contratiempos que puedan surgir. Sin embargo, la realidad suele ser diferente. Los retrasos en el tráfico, las interrupciones inesperadas o simplemente subestimar la duración de las tareas individuales pueden llevar a una serie de contratiempos que dificultan llegar a tiempo a los compromisos. Esta discrepancia entre las expectativas y la realidad refleja la falacia de planificación en acción.

Para superar este patrón de comportamiento, es importante que la persona reconozca y comprenda la complejidad y la incertidumbre asociadas con la gestión del tiempo. Deben adoptar una actitud más realista hacia la planificación, permitiendo un margen de tiempo adicional para imprevistos y ajustando sus expectativas para reflejar la realidad. Al hacerlo, pueden evitar caer en la trampa de la falacia de planificación y mejorar su capacidad para llegar a tiempo a sus compromisos.

NADA DE RIESGO, POR FAVOR (SESGO DE RIESGO CERO)

Mientras trabajaba, recibí una llamada de mi banco ofreciéndome un nuevo producto. Tras explicarme brevemente el producto, cortésmente le asegure que no me interesaba en absoluto su contratación. El empleado del banco insistió, y yo insistí reiterando que el producto no cumplía con mis preferencias. Cómo último recurso me repitió varias veces que este producto no tenía ningún riesgo, aunque yo volví a rechazar la oferta, este empleado me demostró que conocía perfectamente el sesgo de riesgo cero.

El sesgo de riesgo cero es un sesgo cognitivo profundamente arraigado en nuestra psicología, que nos lleva a buscar la eliminación total del riesgo, incluso cuando sacrificamos mayores beneficios en el proceso. Este fenómeno revela nuestra inclinación innata a evitar cualquier forma de riesgo, independientemente de su magnitud, en lugar de adoptar decisiones más racionales que podrían conducir a resultados más favorables en general.

Un ejemplo de esta tendencia se manifiesta en el ámbito de la salud pública. En numerosas ocasiones, las personas optan por tratamientos médicos menos efectivos, pero más seguros, que presentan menos efectos secundarios o riesgos potenciales, en lugar de tratamientos más eficaces que conllevan cierto grado de riesgo. Aunque la opción más segura reduce el riesgo a cero, es posible que no proporcione los mismos beneficios que una opción más arriesgada pero más efectiva en términos de resultados clínicos.

La raíz de este sesgo se encuentra en nuestra aversión intrínseca al riesgo y al fracaso. Como seres humanos, nos sentimos naturalmente inclinados a evitar situaciones inciertas o amenazantes, ya que asociamos el riesgo con la posibilidad de pérdida o daño. Esta aversión nos lleva a dar prioridad a la seguridad y la estabilidad, incluso si ello significa renunciar a oportunidades valiosas o beneficios potenciales que podrían obtenerse al aceptar cierto nivel de riesgo.

Además, la falta de comprensión o evaluación adecuada de los riesgos reales puede exacerbar este sesgo. A menudo, subestimamos o ignoramos los riesgos potenciales asociados con nuestras decisiones debido a una percepción distorsionada de la realidad. Esto puede llevarnos a sobrevalorar la importancia de eliminar cualquier riesgo, por pequeño que sea, sin considerar adecuadamente los posibles beneficios que podríamos obtener al asumir cierto grado de riesgo, de manera controlada.

EL RIESGO CERO VENDE

Las empresas emplean diversas estrategias para aprovechar el sesgo de riesgo cero y fomentar así la confianza del consumidor en sus productos o servicios. Estos son algunos ejemplos de cómo las empresas juegan con nuestra percepción del riesgo para atraer nuestra atención:

- Garantías extendidas en electrodomésticos: Al ofrecer garantías extendidas sin costo adicional en electrodomésticos como lavadoras y refrigeradores, las empresas buscan eliminar cualquier preocupación sobre posibles problemas futuros. Esto nos da la sensación de que estamos tomando una decisión sin riesgo, lo que nos anima a comprar con mayor seguridad.

- Devolución de dinero en aplicaciones de software: Al ofrecer una garantía de devolución de dinero dentro de un período específico, las empresas de software nos brindan la oportunidad de probar sus productos sin compromiso. Esta política elimina el miedo a realizar una inversión que podría no cumplir con nuestras expectativas, lo que nos impulsa a probar el producto.

- Muestras gratuitas en productos para el cuidado de la piel: Al ofrecer muestras gratuitas o envases pequeños a precios reducidos, las marcas de cuidado de la piel nos permiten probar sus productos antes de comprarlos. Esto nos da la sensación de estar tomando una decisión informada y reduce el riesgo de gastar dinero en un producto que no funcione para nosotros.

- Garantías de éxito en educación en línea: Al ofrecer garantías de éxito, las plataformas de educación en línea nos dan la seguridad de que estamos invirtiendo en nuestro futuro de manera segura. Esta promesa de éxito nos da la confianza para inscribirnos en cursos sin temor a perder nuestro tiempo o dinero si no estamos satisfechos con los resultados.

- Garantías de protección en productos de seguridad para el hogar: Al ofrecer garantías de protección contra robos, las empresas de sistemas de seguridad para el hogar nos tranquilizan con la promesa de reembolsarnos en caso de un robo. Esta garantía nos da la sensación de estar protegidos contra situaciones imprevistas, lo que nos anima a invertir en la seguridad de nuestro hogar.

- Cancelaciones flexibles en servicios de viaje: Al ofrecer políticas de cancelación flexibles, las empresas de viajes eliminan el miedo a perder dinero si surgen imprevistos que nos impidan viajar. Esta flexibilidad nos da la confianza para reservar nuestros viajes con anticipación, sabiendo que podemos cambiar o cancelar nuestros planes si es necesario.

LA PARADOJA DE ALLAIS

La Paradoja de Allais es un fenómeno en la teoría de la toma de decisiones que desafía las suposiciones de la teoría de la utilidad esperada. En esencia, la Paradoja de Allais se refiere a las inconsistencias en las preferencias de las personas cuando se enfrentan a decisiones que implican riesgos y recompensas. Allais demostró que las personas a menudo toman decisiones que son inconsistentes con las predicciones de la teoría de la utilidad esperada, lo que sugiere que nuestras decisiones están influenciadas por factores psicológicos más allá de simplemente calcular probabilidades y resultados esperados.

La relación entre la Paradoja de Allais y el sesgo de riesgo cero radica en cómo percibimos y evaluamos el riesgo en diferentes situaciones. La Paradoja de Allais revela que las personas pueden ser inconsistentes en su aversión al riesgo, prefiriendo eliminar completamente el riesgo en ciertas circunstancias, incluso cuando eso significa perder una oportunidad de obtener una recompensa mayor.

Un ejemplo clásico de la Paradoja de Allais es el siguiente: Imagina que tienes la opción de elegir entre dos loterías:

- Lotería A: Tienes una probabilidad del 100% de ganar 1 millón de dólares.

- Lotería B: Tienes una probabilidad del 89% de ganar 1 millón de dólares, una probabilidad del 1% de no ganar nada, y una probabilidad del 10% de ganar 5 millones de dólares.

En este caso, según la teoría de la utilidad esperada, la Lotería B debería ser preferida, ya que tiene una mayor expectativa de valor esperado: (0,89 * 1.000.000) + (0,01 * 0) + (0,1 *

5.000.000) = 890.000 + 0 + 500.000 = 1.390.000 de la Lotería B frente a 1.000.000 de la Lotería A.

Sin embargo, muchos individuos prefieren la Lotería A, a pesar de que estadísticamente tiene un valor esperado menor. Esta preferencia por la Lotería A sobre la Lotería B contradice las predicciones de la teoría de la utilidad esperada y es un ejemplo de la Paradoja de Allais.

MANTENIENDO LAS COSAS COMO ESTÁN (SESGO DEL STATU QUO)

Cenando con unos amigos, la conversación giro repentinamente sobre las malas condiciones de trabajo de uno de ellos. Lo que yo pensaba que iba a ser una cena de risas y bromas, se convirtió en un monólogo de quejas y suspiros. Parecía que todo era horrible en su trabajo: el horario, el sueldo, los compañeros. La verdad que no me gustaría estar en su situación. Otro amigo, como era natural, le recomendó cambiar de trabajo. Todos nos quedamos sorprendidos cuando respondió: "Si claro, y perder este trabajo".

El sesgo de statu quo es una inclinación arraigada en la psicología humana que lleva a las personas a resistirse al cambio y preferir mantener las cosas como están, aun cuando existan posibilidades de mejora evidentes. Este fenómeno se fundamenta en la aversión al riesgo y en la tendencia natural a buscar estabilidad y seguridad en nuestras vidas.

Un ejemplo claro de este sesgo se manifiesta en el ámbito de las decisiones financieras. Muchas personas eligen mantener sus inversiones en los mismos activos o fondos durante períodos prolongados, incluso cuando podrían obtener mayores rendimientos al diversificar o cambiar de estrategia de inversión. Esta resistencia al cambio puede ser impulsada por el miedo a perder lo que ya se tiene o a enfrentar la incertidumbre y el riesgo asociado con nuevas decisiones financieras.

La familiaridad y la comodidad con la situación actual también juegan un papel importante en la manifestación del sesgo de statu quo. Las personas tienden a aferrarse a lo que conocen y a lo que les resulta familiar, incluso si eso significa perder oportunidades de crecimiento o desarrollo. Esta tendencia a la inercia puede dificultar la adopción de nuevos hábitos o la exploración de nuevas opciones, limitando así el potencial de crecimiento personal y profesional.

SAL DE LA ZONA DE CONFORT

La "zona de confort" y el sesgo de "statu quo" son dos conceptos estrechamente relacionados que afectan nuestra capacidad para enfrentar el cambio y buscar nuevas oportunidades. La zona de confort se refiere a ese espacio mental en el que nos sentimos seguros, cómodos y familiarizados con nuestras circunstancias actuales. Por otro lado, el sesgo de statu quo describe nuestra tendencia innata a preferir mantener las cosas como están, incluso si existe la posibilidad de un cambio positivo.

La zona de confort actúa como un refugio psicológico donde evitamos el estrés y la ansiedad asociados con lo desconocido. Nos apegamos a rutinas familiares, hábitos arraigados y situaciones predecibles que nos brindan estabilidad y seguridad emocional. Sin embargo, esta comodidad puede convertirse en una trampa cuando nos impide crecer, aprender y expandirnos.

Cuando nos encontramos en la zona de confort, es más probable que sucumbamos al sesgo de statu quo y resistamos cualquier intento de cambiar nuestra situación. Nos conformamos con lo que conocemos, incluso si no nos hace felices o no nos permite alcanzar nuestro verdadero potencial. Sin embargo, superar esta resistencia al cambio es esencial para nuestro crecimiento y desarrollo personal.

Para romper el ciclo de la zona de confort y el sesgo de statu quo, es importante estar dispuestos a salir de nuestra zona de comodidad y enfrentar nuevos desafíos. Esto puede implicar tomar decisiones difíciles, asumir riesgos calculados y estar abiertos a nuevas experiencias. Al hacerlo, podemos expandir nuestros horizontes, desarrollar nuevas habilidades y alcanzar niveles más altos de satisfacción y realización personal. Aceptar el cambio como una parte natural de la vida y estar dispuestos a adaptarnos a nuevas circunstancias nos permite crecer y prosperar más allá de los límites de nuestra zona de confort y del sesgo de statu quo.

EL ESTUDIO DE LOS PLANES DE JUBILACIÓN

El estudio realizado por Madrian y Shea en 2001, titulado "The Power of Suggestion: Inertia in 401(k) Participation and Savings Behavior", se centró en investigar cómo la inscripción automática en planes de jubilación afecta el comportamiento de ahorro de los empleados.

Los investigadores llevaron a cabo un experimento en una gran empresa estadounidense que ofrecía un plan de jubilación. Para ello, se seleccionaron dos grupos de empleados para participar en el estudio: uno que sería inscrito automáticamente en el plan de jubilación y otro que tendría que optar por inscribirse voluntariamente. En el grupo de inscripción automática, los empleados fueron automáticamente inscritos en el plan de jubilación con una tasa de contribución predeterminada. Los empleados tenían la opción de optar por salir del plan, en cualquier momento si así lo deseaban, o permanecer.

Los investigadores monitorearon el comportamiento de ahorro de ambos grupos durante un período de tiempo específico, registrando las tasas de participación en el plan de jubilación y las contribuciones realizadas. Madrian y Shea encontraron que los empleados inscritos automáticamente en el plan de jubilación tenían tasas de participación significativamente más altas en comparación con aquellos que tenían que optar por inscribirse voluntariamente. Además, los empleados en el grupo de inscripción automática tendían a mantener la tasa de contribución predeterminada en lugar de ajustarla.

Los resultados del estudio sugirieron que la inscripción automática en los planes de jubilación puede ser una herramienta eficaz para aumentar la participación y las contribuciones al ahorro para la jubilación. Esto indica que el sesgo de statu quo juega un papel importante en las decisiones financieras de las personas, ya que muchos empleados optaron por mantenerse en el plan predeterminado en lugar de hacer cambios activos en su participación o tasas de contribución.

MÁS ALLÁ DE LAS FINANZAS

El sesgo de statu quo puede tener un impacto significativo en nuestras relaciones personales y de pareja. A menudo, este sesgo nos hace ser reacios a dejar una situación, incluso si no nos está haciendo felices o si hay oportunidades para mejorar nuestra vida.

Por ejemplo, en una relación de pareja, podemos quedarnos en una situación insatisfactoria simplemente porque es lo que conocemos y nos sentimos cómodo con ello. Aunque puede haber señales de que la relación no es saludable o satisfactoria, el miedo al cambio y a lo desconocido puede llevarnos a quedarnos atrapados en un ciclo de insatisfacción.

Este sesgo puede ser especialmente perjudicial cuando nos impide reconocer la necesidad de hacer cambios positivos en nuestras vidas. Por ejemplo, podríamos ignorar signos de toxicidad en la relación, justificando nuestro comportamiento o el de nuestra pareja, con tal de evitar enfrentar la realidad de que la relación no nos está beneficiando.

En muchos casos, el sesgo de statu quo puede ser alimentado por el miedo al fracaso o a la soledad. Nos aferramos a lo que conocemos, incluso si no nos hace felices, porque tememos lo desconocido y nos preocupa no encontrar algo mejor. Esta mentalidad puede mantenernos estancados, incluso presos de relaciones poco saludables durante mucho tiempo, impidiéndonos crecer y encontrar la felicidad genuina.

Para superar el sesgo de estatus quo en nuestras relaciones personales, es importante cultivar la autoconciencia y la valentía para enfrentar la realidad de nuestra situación. Esto puede implicar reconocer nuestros propios deseos y necesidades, así como tener la fortaleza emocional para tomar decisiones difíciles si es necesario.

LO QUE NO SE HACE (SESGO POR OMISIÓN)

Hace poco conocí a un nuevo compañero en el trabajo. Era el tipo de persona que enseguida tomas confianza, y empezamos a hablar asiduamente casi todos los días. Al poco tiempo me contó varios emprendimientos que tenía en la cabeza pero que nunca se había atrevido a realizar. Las ideas eran buenas, pero se sentía más cómodo teniéndolas en la cabeza y no llevándolas a la práctica. Yo le anime para que diera el primer paso, pero incluso hoy en día no lo he convencido. Lamentablemente, se enfoca más en las dificultades que en sus propias posibilidades, y prefiere no actuar, cayendo en el sesgo por omisión.

El sesgo por omisión es una tendencia cognitiva que influye en nuestras percepciones y juicios al tomar decisiones basadas en lo que falta o no se hace, en lugar de centrarse en lo que está presente. Este fenómeno puede llevar a evaluaciones inexactas o sesgadas de situaciones, personas o ideas, ya que subestimamos o ignoramos aspectos relevantes que no están directamente frente a nosotros.

Un ejemplo ilustrativo del sesgo por omisión puede encontrarse en el ámbito de la salud pública. Consideremos una situación en la que se implementa un programa de prevención de enfermedades que se centra únicamente en la promoción de una dieta saludable, pero ignora por completo la importancia del ejercicio físico regular. Aunque la dieta adecuada es un componente crucial para la salud, la omisión del ejercicio podría llevar a una evaluación sesgada de la efectividad general del programa, ya que no aborda integralmente las necesidades de salud de la población.

La razón detrás de este sesgo puede atribuirse a la atención selectiva y la disponibilidad de información. Nuestro cerebro tiende a enfocarse en la información más fácilmente accesible o destacada, lo que puede llevarnos a ignorar aspectos importantes que no están directamente frente a nosotros. Además, la tendencia a formar juicios basados en la información disponible de manera inmediata puede reforzar este sesgo, ya que no tomamos en cuenta la totalidad de los elementos relevantes.

LA PERPETUA INACCIÓN

El sesgo por omisión está estrechamente relacionado con la tendencia humana de preferir fallar por omisión que por comisión, es decir, la preferencia que tiene el ser humano a fallar por no hacer nada, que por hacer algo.

Cuando se trata de tomar decisiones difíciles o enfrentar situaciones riesgosas, muchas personas muestran una clara preferencia por evitar la acción, incluso si la inacción conlleva riesgos potenciales. Este fenómeno se conoce como aversión al riesgo en la toma de decisiones y puede ser observado en diversos contextos, desde decisiones financieras hasta decisiones de salud.

Cada vez más, los seres humanos tienden a buscar la comodidad y la seguridad en la inacción, resistiendo el impulso de enfrentar desafíos que podrían llevarlos más allá de sus límites conocidos. En el ámbito personal, muchos de nosotros hemos experimentado la tentación de posponer tareas difíciles o incómodas, prefiriendo aplazarlas indefinidamente en lugar de afrontarlas de frente. Ya sea el miedo al fracaso, la aversión al cambio o simplemente el deseo de evitar el malestar momentáneo, la pasividad se presenta como una opción seductora que promete protegernos de las incertidumbres y los desafíos del mundo exterior.

En el plano social, esta misma dinámica se refleja en la tendencia a conformarse con la situación actual, incluso cuando sabemos que podríamos hacer más para cambiarla. Desde problemas sociales y políticos hasta desafíos ambientales y económicos, la complacencia y la resignación pueden prevalecer sobre la acción colectiva y el cambio significativo. Es más fácil quedarse en la zona de confort conocida, incluso si no es ideal, que enfrentar la incertidumbre y el esfuerzo que conlleva el cambio.

Este patrón de comportamiento no es sorprendente cuando consideramos la naturaleza humana. Como seres adaptativos, tendemos a buscar la estabilidad y la seguridad, evitando el riesgo siempre que sea posible. La pasividad representa una forma de autopreservación psicológica, una estrategia para mantenernos seguros en un mundo impredecible y desafiante.

Sin embargo, la pasividad también tiene sus costos. Al resistirnos al cambio y evitar los desafíos, perdemos la oportunidad de crecer y desarrollarnos como individuos. El estancamiento se convierte en la norma, y nos arriesgamos a quedarnos atrás en un mundo que está en constante evolución.

EL DILEMA DE LA VACUNA

El estudio conocido como el "dilema de la vacuna" fue realizado por el psicólogo Paul Slovic en la década de 1990. En este estudio, Slovic y su equipo investigaron la forma en que las personas toman decisiones en situaciones donde se enfrentan a riesgos y beneficios inciertos, centrándose específicamente en el contexto de la vacunación.

A los participantes se les presentó la siguiente información: Debes decidir si vacunas a tu hijo contra una enfermedad mortal de la que puede contagiarse naturalmente con una probabilidad del 1%. Si le pones la vacuna, reduce la probabilidad de contagio de esa enfermedad al 0%. Al mismo tiempo la vacuna conlleva una probabilidad de morir por problemas derivados de la inyección del 0,5%. Ante este dilema, se les pidió que tomaran una decisión sobre si vacunarían o no a su hijo.

Las conclusiones del estudio fueron sorprendentes. A pesar de que la vacuna reducía significativamente el riesgo de contagio de la enfermedad, muchos participantes mostraron una clara preferencia por no vacunar a su hijo, optando por la pasividad en lugar de la acción. Este resultado reflejó la aversión al riesgo y la aversión a las pérdidas mencionadas anteriormente, donde el miedo a los posibles efectos adversos de la vacuna superaba la preocupación por el riesgo mayor de contraer la enfermedad sin vacunarse.

Además, el estudio reveló la importancia de las emociones y las percepciones subjetivas en la toma de decisiones sobre riesgos y beneficios. La muerte derivada de la vacuna se percibía como más culpable y dolorosa que la muerte por la enfermedad misma, lo que influyó en la elección de muchos participantes.

Estos hallazgos subrayan la complejidad de la toma de decisiones en situaciones de riesgo, donde factores emocionales y cognitivos pueden desempeñar un papel significativo. El estudio de Slovic resalta la necesidad de una mayor comprensión de cómo las personas evalúan y responden a los riesgos, así como la importancia de abordar las percepciones subjetivas y los sesgos cognitivos en la comunicación y la educación sobre temas de salud pública y seguridad.

SUPERA EL MIEDO AL FRACASO Y ACTÚA

Superar el miedo al fracaso es un viaje emocional y mental que todos enfrentamos en algún momento de nuestras vidas. Es esa sensación paralizante que nos susurra al oído, sembrando dudas y temores en nuestra mente cada vez que nos enfrentamos a nuevos desafíos o tomamos decisiones importantes. Pero ¿qué es el fracaso sino una oportunidad disfrazada, una lección enmascarada en decepción?

El miedo al fracaso es como una sombra oscura que acecha en las esquinas de nuestra mente, esperando su momento para envolvernos en su abrazo de incertidumbre. Nos susurra que no lo intentemos, que es mejor quedarnos donde estamos, en la seguridad de lo conocido, en lugar de arriesgarnos hacia lo desconocido. Pero ¿qué es la vida sino una sucesión de saltos al vacío, de aventuras audaces y de caminos sinuosos?

Superar el miedo al fracaso es reconocer que el fracaso no define quiénes somos, sino cómo respondemos a él. Es comprender que cada tropiezo, cada caída, es una oportunidad para aprender, crecer y fortalecernos. Es abrazar la posibilidad del fracaso como un catalizador para el cambio, como un impulso para alcanzar nuestras metas más elevadas.

El miedo al fracaso puede manifestarse de muchas formas: el temor a no estar a la altura de las expectativas, el miedo al rechazo, el terror a cometer errores irreparables. Pero al enfrentar estos miedos de frente, al desafiar nuestras propias limitaciones y creencias autoimpuestas, descubrimos una fuerza interior que nunca supimos que teníamos.

Superar el miedo al fracaso es un acto de valentía, de determinación y de fe en nosotros mismos. Es dar un paso adelante, incluso cuando nuestros corazones están llenos de dudas y nuestras manos tiemblan de miedo. Es creer en nuestra capacidad para superar los obstáculos que se interponen en nuestro camino y alcanzar nuestras más grandes aspiraciones. Superar el miedo al fracaso es liberarnos de las cadenas del autojuicio y la autocrítica implacable. Es permitirnos ser imperfectos, vulnerables y humanos, y, sin duda, es encontrar la belleza en el proceso mismo de caer y levantarnos una y otra vez.

IGNORANDO LAS PROBABILIDADES (NEGACIÓN DEL RATIO BASE)

Hoy mantuve una conversación con mi madre por teléfono. No se encontraba muy bien, y tenía algunos síntomas de fiebre, pero, además, afirmaba que tenía unas sensaciones extrañas que no conseguía identificar. Después de cinco minutos hablando, finalmente me confeso que creía tener una enfermedad que había visto en las noticias de la televisión. Cuando acabé de hablar con ella, hice una investigación rápida y vi que la enfermedad a la que se refería tenía una incidencia muy baja, de una sobre un millón, lo que realmente era una probabilidad insignificante. La volvía a llamar para comentarle mis investigaciones y asegurarla que era improbable que fuera esa enfermedad. A mi madre le pareció darle igual la nueva información que le estaba proporcionando ya que seguía afirmando que sufría esa enfermedad. Mi madre acababa de negar la ratio base.

La negación del ratio base, también conocido como "descuento del ratio base" o "efecto base", es un sesgo cognitivo que afecta nuestra percepción y evaluación de las probabilidades. Este fenómeno psicológico se manifiesta cuando las personas subestiman o pasan por alto la relevancia de la base de comparación al evaluar la probabilidad de un evento. En otras palabras, no consideran adecuadamente la frecuencia o prevalencia de un evento en relación con un contexto más amplio o una referencia establecida.

Este sesgo se evidencia cuando nos centramos más en la información específica o anecdótica sobre un evento en lugar de considerar la probabilidad basada en datos más generales. Por ejemplo, al evaluar la probabilidad de ganar un premio en una lotería, es fundamental considerar la probabilidad objetiva basada en el número total de boletos vendidos en comparación con la probabilidad de ganar específicamente. Sin embargo, algunas personas pueden subestimar esta probabilidad si se centran únicamente en casos anecdóticos de personas que han ganado la lotería en el pasado.

CUANDO LAS COSAS SE VUELVEN CONFUSAS

Un ejemplo ilustrativo de este sesgo se puede encontrar en el contexto de la toma de decisiones en el ámbito médico. Supongamos que se le ofrece a una persona la posibilidad de someterse a una prueba de detección de una enfermedad, y se le dice que la prueba tiene una tasa de precisión del 95% tanto para detectar la enfermedad cuando está presente (sensibilidad) como para descartarla correctamente cuando no lo está (especificidad). Sin embargo, si la enfermedad es extremadamente rara en la población general, digamos que solo el 1% de las personas la tienen, entonces incluso con una prueba muy precisa, existe la posibilidad de un falso positivo. Aunque la prueba puede ser altamente precisa, si la base de referencia (la rareza de la enfermedad en la población) no se considera adecuadamente, las personas pueden subestimar el riesgo de obtener un resultado falso positivo.

Supongamos que hacemos la prueba de la enfermedad a 100.000 personas. Según la prevalencia de la enfermedad, de esas 100.000 personas, solo 100 tendrán la enfermedad, pero aun así la prueba dará como positivo a otras 4.995 personas que no han contraído la enfermedad (el 5% de esas 99.900 personas que no tienen la enfermedad). Eso nos deja que de las 5090 personas que han dado positivo, solo 95 están realmente enfermas, lo que arroja un porcentaje cercano al 2% (95/5090).

Por otro lado, la prueba también fallará al no detectar la enfermedad cuando está presente, ofreciendo falsos negativos en el 5% de los casos. Es decir, de las 100 personas enfermas, 5 recibirán un resultado negativo. En este caso, las posibilidades de estar enfermo recibiendo un resultado negativo de la prueba es mucho menor, aproximadamente del 0,005%.

IGNORANDO LA PROBABILIDAD BASE

El sesgo de negación del ratio base, descrito por primera vez por los psicólogos Daniel Kahneman y Amos Tversky en la década de 1970, es un fenómeno cognitivo que revela cómo las personas pueden ignorar o subestimar la importancia de la base de referencia al evaluar la probabilidad de eventos.

En sus estudios pioneros, Kahneman y Tversky mostraron cómo las personas a menudo hacen juicios de probabilidad basados en información superficial o evidencia anecdótica, en lugar de considerar la probabilidad base o la tasa de base. Esta probabilidad se refiere a la probabilidad inicial de que ocurra un evento, sin tener en cuenta información específica. Por ejemplo, si se sabe que la tasa de criminalidad en una ciudad es del 5%, esa sería la probabilidad base de que un individuo cometa un criminal, independientemente de otros factores.

Sin embargo, Kahneman y Tversky encontraron que las personas tienden a ignorar esta probabilidad base cuando se enfrentan a información específica sobre un individuo, como su apariencia o comportamiento. En cambio, se basan en esa información específica, incluso si es irrelevante, para hacer juicios de probabilidad. Esto puede llevar a conclusiones sesgadas y decisiones subóptimas. Por ejemplo, si se presenta a alguien como un artista bohemio con tatuajes y piercings, las personas podrían sobreestimar la probabilidad de que esa persona sea un artista bohemio, ignorando la probabilidad base de que la mayoría de las personas no lo sean. Este sesgo puede llevar a estereotipos, discriminación y juicios erróneos.

APLICANDO EL TEOREMA DE BAYES

El sesgo de negación del ratio base y el Teorema de Bayes representan dos perspectivas contrastantes en la evaluación de la probabilidad de eventos. Mientras que el primero señala la tendencia humana a pasar por alto la probabilidad base al evaluar la información, el segundo proporciona un marco formal para ajustar nuestras creencias en función de nueva evidencia, es decir, el Teorema de Bayes nos permite ajustar la probabilidad base a las nuevas circunstancias.

Como hemos dicho, el sesgo de negación del ratio base puede llevarnos a subestimar o sobrevalorar la probabilidad de eventos, ya que nos enfocamos en la información específica disponible sin tener en cuenta el contexto más amplio. Por otro lado, el Teorema de Bayes ofrece una metodología para integrar la información nueva con nuestras creencias previas sobre la probabilidad de un evento. Este teorema es una herramienta matemática que nos ayuda a actualizar nuestras creencias sobre la probabilidad de un evento después de considerar nueva evidencia. En términos simples, nos permite ajustar lo que pensamos acerca de la probabilidad de algo en función de la nueva información que recibimos.

Teorema de Bayes -> $P(A|B) = P(A) \times P(B|A) / P(B)$

Para entender correctamente la relación entre el ratio base, el sesgo de negación del ratio base, y el Teorema de Bayes, es necesario explicar un ejemplo sencillo.

Imagina que un médico quiere determinar si un paciente tiene una enfermedad específica, como la gripe, conociendo los síntomas que presenta. Imaginemos que este médico ha tenido varios casos de gripe en su familia en los últimos días, por lo tanto, piensa que la probabilidad de que un paciente tenga gripe en un momento dado es del 10%. Esta probabilidad otorgada esta sesgada por la negación del ratio de base, ya que los datos confirman que la probabilidad se sitúa en un 5% que sería la probabilidad base.

Este ratio base debe ser recalculada cuando se añade información nueva. En este caso, sabemos que, si una persona tiene la gripe, hay un 90% de probabilidad de que presente síntomas como fiebre, tos y dolor de garganta (esto es nuestra probabilidad de que el paciente tenga síntomas dado que tiene gripe, también conocida como sensibilidad). Sin embargo, también sabemos que, si una persona no tiene la gripe, todavía hay un 10% de probabilidad de que presente estos mismos síntomas por otras razones (esto es la probabilidad de tener síntomas sin tener la enfermedad, también conocida como especificidad).

Imaginemos entonces que el paciente que entra a consulta tiene síntomas, y deseamos conocer si tiene gripe. Ante la nueva información (el paciente tiene síntomas) debemos adaptar el cálculo de la probabilidad base, y aquí, es donde el Teorema de Bayes puede ayudarnos a una mejora en la toma de decisiones:

- $P(A|B)$ = probabilidad de que el paciente tenga gripe si presenta síntomas.

- $P(A)$ = probabilidad previa de que el paciente tenga gripe.

- $P(B|A)$ = probabilidad de que el paciente presente síntomas si tiene gripe.

- $P(B)$ = probabilidad de presentar síntomas, ya sea teniendo la gripe o no.

Antes de acometer los cálculos, debemos calcular $P(B)$:

- $P(S|G)$ = probabilidad de que el paciente tenga síntomas teniendo gripe.

- $P(G)$ = probabilidad de que el paciente tenga gripe.

- $P(S|NG)$ = probabilidad de que el paciente tenga síntomas no teniendo gripe.

- $P(NG)$ = probabilidad de que el paciente no tenga gripe.

$P(B) = P(S|G) \times P(G) + P(S|NG) \times P(NG) = (0.05 \times 0.9) + (0.95 \times 0.1) = 0.045 + 0.095 = 0.14 = 14\%$

La probabilidad de que el paciente tenga gripe al mostrar síntomas es la siguiente:

$P(A|B) = P(A) \times P(B|A) / P(B) \to P(A|B) = 0.05 \times 0.9 / 0.14 = 0.32 = 32\%$

La relación entre estos dos conceptos radica en cómo abordamos la evaluación de la probabilidad. Mientras que el sesgo de negación del ratio base resalta una deficiencia cognitiva común, el Teorema de Bayes proporciona una herramienta para corregir este sesgo al considerar explícitamente la probabilidad base. Al aplicar el enfoque bayesiano, podemos integrar la información nueva de manera más efectiva y tomar decisiones más informadas y precisas. En última instancia, comprender y aplicar el Teorema de Bayes puede ayudarnos a contrarrestar los efectos del sesgo de negación del ratio base y mejorar nuestra capacidad para evaluar la probabilidad de eventos de manera más precisa.

LO QUE VIVIMOS NO TIENE PORQUE SER LA REGLA

Uno de los principales contribuyentes a este sesgo es la tendencia humana a centrarse en la información más destacada o vívida en lugar de considerar datos más amplios y objetivos. Esta tendencia, conocida como heurística de disponibilidad, nos lleva a dar más peso a la información que es fácilmente accesible en nuestra mente, incluso si no es representativa de la realidad.

Además, la falta de comprensión de conceptos de probabilidad también puede contribuir al sesgo de negación del ratio base. Muchas personas no tienen una comprensión completa de cómo calcular probabilidades o cómo evaluar la base de referencia adecuada al enfrentarse a un problema de toma de decisiones. Esto puede llevar a una subestimación de la probabilidad real de un evento, ya que no consideran adecuadamente la base de comparación.

Las emociones y los prejuicios también pueden influir en este sesgo. Las personas tienden a prestar más atención a la información que confirma sus creencias preexistentes o que se alinea con sus emociones y valores, lo que puede sesgar su evaluación de la probabilidad de un evento. Por ejemplo, si alguien tiene un miedo intenso a los accidentes de avión debido a una experiencia previa traumática, es más probable que sobrestime la probabilidad de que ocurra un accidente de avión, incluso si las estadísticas objetivas indican lo contrario.

OTROS SESGOS DE TOMA DE DECISIONES Y JUICIO

SESGO DE IMPACTO

El sesgo de impacto es un fenómeno psicológico que se refiere a la tendencia de las personas a sobrevalorar la duración e intensidad de los futuros estados emocionales, basándose en experiencias previas. Este sesgo implica una percepción distorsionada del impacto emocional que tendrán eventos futuros, lo que puede influir en la toma de decisiones y en la planificación de acciones.

Por ejemplo, una persona que experimenta una pérdida importante, como el fin de una relación amorosa o la pérdida de un trabajo, tiende a sobreestimar cuánto tiempo se sentirá triste o afectada por esa experiencia. Aunque inicialmente puede experimentar emociones intensas, el sesgo de impacto lleva a pensar que esas emociones persistirán por mucho más tiempo del que realmente lo hacen.

También suele ocurrir que solemos pensar que nuestra vida será más feliz si conseguimos un objetivo, realizamos un viaje, o nos compramos algo nuevo, pero ciertamente, cuando esto se hace realidad la felicidad se va tan rápido como vino.

TENDENCIA DEL MOMENTO ACTUAL

Se trata de un sesgo psicológico que motiva la inclinación hacia el placer inmediato. Muy relacionado con el sesgo de descuento hiperbólico, donde existe una preferencia humana por la gratificación instantánea sobre las recompensas futuras. Además, también se encuentra relacionado con el hedonismo, corriente filosófica que postula que el placer es el principio más alto y deseable de la vida.

De acuerdo con ciertos análisis, los individuos tienen una tendencia innata a posponer el sufrimiento y buscar la satisfacción instantánea; es decir, tenemos dificultad para visualizar eventos futuros que puedan influir en nuestras decisiones y expectativas presentes. Para ilustrar este punto, una investigación realizada en 1998 reveló que, al proyectar la elección de alimentos para la próxima semana, 7 de cada 10 personas prefieren una opción saludable como la fruta, mientras que, si la elección se limita al día presente, 7 de cada 10 optan por el placer inmediato del chocolate.

CAPÍTULO 3:
SESGOS SOCIALES Y DE INTERACCIÓN

Los sesgos sociales y de interacción son patrones predecibles de pensamiento o comportamiento que afectan la forma en que las personas perciben, juzgan y se relacionan con los demás en contextos sociales. Estos sesgos pueden influir en la forma en que interpretamos la información social, interactuamos con los demás y tomamos decisiones basadas en nuestras relaciones y experiencias sociales.

¿NOS SUBIMOS AL CARRO? (EFECTO DE ARRASTRE)

Hace poco me sentí fuera de lugar. Estaba con mis compañeros de trabajo tomando un café y se pusieron a hablar de una famosa serie que, aparentemente, todo el mundo estaba viendo menos yo. Mientras comentaban sus impresiones sobre la serie, uno comentó que la había empezado a ver porque todo el mundo estaba hablando de la serie, y no quería sentirse fuera de los temas de conversación, como estaba ocurriendo a mí en ese preciso momento. Imagino que en algún momento tomaré la decisión de ver la serie, y sucumbir al efecto de arrastre como los demás.

El efecto de arrastre o "Efecto Bandwagon" es un fenómeno psicológico en el que las personas tienden a adoptar una creencia o comportamiento simplemente porque muchas otras personas lo están haciendo, independientemente de la evidencia o el razonamiento detrás de esa creencia o acción. A diferencia del sesgo de conformidad, que veremos más adelante, el efecto de arrastre no siempre implica un cambio de creencias o comportamientos, sino más bien una alineación superficial o una adopción temporal de las opiniones o acciones del grupo para evitar la disonancia social o con la finalidad de sentirse parte del grupo. En otras palabras, el término "bandwagon" se refiere a un carro al que la gente se sube debido a su popularidad o tendencia, y el efecto de arrastre implica que las personas pueden sentirse inclinadas a seguir la corriente sin cuestionarla cuando perciben que mucha gente ya lo está haciendo.

Este fenómeno se basa en la necesidad humana de pertenecer y de ser aceptado por otros. Las personas tienden a sentirse más seguras y cómodas al adoptar las creencias o comportamientos de la mayoría, ya que esto les brinda una sensación de pertenencia y conexión con el grupo. Además, el miedo al rechazo social o el deseo de evitar el conflicto puede llevar a las personas a conformarse con la opinión predominante, incluso si personalmente no están convencidas de su validez.

El efecto de arrastre puede observarse en una variedad de contextos, como la política, la moda, la cultura popular y las redes sociales. Por ejemplo, durante las campañas políticas, las personas pueden estar influenciadas para apoyar a un candidato simplemente porque parece ser el favorito en las encuestas de opinión o porque muchos otros están expresando su apoyo públicamente. Del mismo modo, en el ámbito de la moda, las tendencias pueden propagarse rápidamente debido al efecto de arrastre, con muchas personas comprando ciertos productos o vistiendo ciertas prendas simplemente porque son populares entre los demás.

CAMBIANDO NUESTRA OPINIÓN

Uno de los experimentos más conocidos para ilustrar este sesgo fue el realizado por el psicólogo social Muzafer Sherif en 1935. En este estudio clásico, Sherif utilizó una ilusión óptica conocida como el "efecto autokinético" para investigar cómo las personas ajustan sus percepciones individuales cuando están en un grupo.

El procedimiento experimental fue relativamente simple. Sherif llevó a los participantes a una habitación oscura y les mostró un punto de luz en la pared. Este punto de luz no estaba realmente en movimiento; era una ilusión óptica que causaba la percepción de movimiento en una habitación completamente oscura. Cada participante debía estimar cuánto se movía el punto de luz. Como era de esperar, las estimaciones individuales variaban ampliamente.

Luego, Sherif agrupó a los participantes en grupos pequeños y les pidió que hicieran la misma tarea, pero esta vez debían llegar a un consenso sobre cuánto se movía el punto de luz. Lo interesante fue que, con el tiempo, los participantes tendieron a converger hacia un acuerdo común sobre la cantidad de movimiento del punto de luz. Esto ocurrió a pesar de que las opiniones iniciales de los participantes eran muy diferentes.

Lo que demostró este experimento fue que cuando las personas están en un entorno grupal y se enfrentan a una situación ambigua, tienden a mirar a los demás para obtener información sobre cómo percibir la situación. Esto lleva a la conformidad en las opiniones o percepciones del grupo, incluso si estas contradicen las percepciones individuales, lo que muestra cómo la presión social puede influir en nuestras percepciones y decisiones.

TRUCOS DEL MARKETING

Los expertos en marketing a menudo aprovechan el efecto de arrastre para influir en el comportamiento del consumidor. Por ejemplo, al mostrar testimonios o reseñas positivas de otros clientes, se pretende crear un efecto de arrastre donde los nuevos consumidores estén más inclinados a comprar un producto o servicio al ver que otros ya lo han hecho y están satisfechos. Esta técnica se basa en la idea de que las personas tienden a seguir las acciones o decisiones de otros, especialmente cuando se encuentran en situaciones de incertidumbre.

Estas reseñas cumplen con varias funciones, y nos dirigen inevitablemente a caer en el efecto de arrastre. Por un lado, al ver que otros han tenido experiencias positivas con el producto o servicio, nos hacen sentir validados en nuestra elección y percibimos que estamos tomando una decisión aceptada por la mayoría. Esta validación social refuerza nuestra confianza en la compra.

Por otro lado, en un mercado saturado de opciones, los consumidores pueden sentirse abrumados y tener dificultades para tomar decisiones. Al observar que otros han probado el producto o servicio y están satisfechos, se reduce la incertidumbre sobre la calidad y la utilidad de este, lo que hace que sea más fácil para los nuevos consumidores tomar una decisión.

LAS ACCIONES MEME Y EL MOVIMIENTO REDDIT

Las "acciones meme" en Reddit son un fenómeno fascinante que ilustra perfectamente el efecto de arrastre en línea. En Reddit, una plataforma de redes sociales y agregación de noticias, los memes y las tendencias virales pueden propagarse rápidamente a través de comunidades específicas conocidas como subreddits. Estas acciones meme, que a menudo comienzan como una broma o una ocurrencia creativa, pueden ganar impulso rápidamente y captar la atención de miles, e incluso millones de inversores en todo el mundo.

Un caso notable que ejemplifica esta dinámica es el fenómeno del "GameStop Short Squeeze" que tuvo lugar en enero de 2021. Todo comenzó cuando un grupo de usuarios de Reddit, reunidos en el subreddit r/WallStreetBets, identificó que varios fondos de cobertura estaban apostando a que las acciones de GameStop (una cadena minorista de videojuegos) caerían de valor. Estos usuarios, motivados por una mezcla de desafío hacia Wall Street y el deseo de obtener ganancias, comenzaron a comprar acciones de GameStop en masa, lo que provocó un aumento explosivo en el precio de las acciones, ya que el aumento en el precio de las acciones obligaba a los fondos, posicionados en corto, a comprar acciones para cancelar su posición inicial, lo que provocó un efecto en cadena, y el consecuente movimiento explosivo al alza de las acciones de la compañía.

Lo notable de este evento fue cómo el efecto de arrastre en Reddit influyó en las decisiones de inversión de miles de personas en todo el mundo. A medida que más y más usuarios se unían al movimiento, compartiendo sus experiencias, estrategias y resultados en el subreddit, el impulso detrás de la acción meme se intensificó. La atención de los medios de comunicación y las redes sociales solo sirvió para amplificar aún más la tendencia, atrayendo a inversores minoristas e institucionales por igual.

Hubo inversores que se hicieron ricos con una inversión relativamente pequeña, pero también hubo muchos inversores que se sumaron tarde a este fenómeno, y perdieron grandes cantidades de dinero. El fenómeno se convirtió en un juego de suma cero donde los primeros en realizar la inversión ganaban el dinero que los últimos en llegar perdían. De aquí se puede deducir que nunca es buena idea seguir a la masa, sobre todo si somos de los últimos en sumarnos al movimiento.

El efecto de arrastre en este caso fue innegable. Los usuarios de Reddit se sintieron parte de una comunidad unida, impulsada por un objetivo común, y muchos se dejaron llevar por la emoción y la euforia colectiva. Aunque el frenesí eventualmente se desvaneció y las acciones de GameStop volvieron a colapsar, el evento dejó una marca duradera en la conciencia colectiva y demostró el poder del efecto de arrastre en el mundo en línea.

Este caso ilustra cómo las acciones meme en Reddit pueden desencadenar un efecto de arrastre masivo, donde los usuarios se dejan influir por las decisiones y opiniones de la comunidad en lugar de basar sus decisiones en un análisis racional.

ES MOMENTO DE DEJAR DE SEGUIR A LA MASA

Para contrarrestar el efecto de arrastre, es importante cultivar una mentalidad crítica y reflexiva, especialmente en entornos donde la influencia del grupo puede ser poderosa.

- Reconocer que existe la presión social para conformarse con las opiniones o acciones del grupo puede ayudar a mantener una perspectiva más objetiva.

- Antes de tomar decisiones importantes, tómate el tiempo para realizar tu propio análisis y considerar diferentes puntos de vista. No te apresures a seguir el consenso del grupo sin haber evaluado la información por ti mismo.

- Busca información y opiniones de una variedad de fuentes, tanto dentro como fuera del grupo al que perteneces. Exponerte a diferentes perspectivas puede ayudar a evitar la mentalidad de grupo y a tomar decisiones más informadas.

- No tengas miedo de cuestionar las creencias o decisiones del grupo si no estás de acuerdo con ellas. Plantear preguntas difíciles y desafiar las suposiciones comunes puede fomentar un pensamiento crítico y estimular el debate constructivo.

- Antes de seguir ciegamente al grupo, reflexiona sobre tus propias motivaciones y valores. Pregúntate si estás actuando por convicción propia o simplemente siguiendo la corriente. Ser consciente de tus propios motivos puede ayudarte a tomar decisiones más auténticas y alineadas con tus valores.

PIENSA MAL Y ACERTARÁS (SESGO DE ATRIBUCIÓN HOSTIL)

El otro día me encontraba hablando con mi compañero de trabajo. Venía cabreado y empezó a contarme que la razón era que uno de los empleados de la limpieza no le saludaba y actuaba como si tuviera algo contra él. Yo sabiendo lo que ocurría realmente, le deje hablar. Así que siguió quejándose, y menospreciando al limpiador. Decía que se le veía mala persona, que él no había hecho nada para que fuera tratado de esa manera. Cuando terminó de exponerme sus quejas y argumentos, le comenté que el nuevo empleado de limpieza era mudo y que no podía hablar. Sin duda, mi compañero de trabajo tiene un alto sesgo de atribución hostil.

El sesgo de atribución hostil es un aspecto fundamental de la psicología social que influye en cómo percibimos e interpretamos las acciones de los demás en nuestra vida cotidiana. Este fenómeno se manifiesta cuando tendemos a atribuir motivos negativos o maliciosos a las acciones de los demás, incluso cuando no hay evidencia clara que respalde esas interpretaciones.

Imagina una situación en la que un amigo te hace una pregunta aparentemente inocente, pero debido a tu sesgo de atribución hostil, interpretas su tono como sarcástico o crítico. En lugar de considerar que tu amigo simplemente está interesado en obtener información, asumes que está tratando de ridiculizarte o desacreditarte de alguna manera. Esta interpretación sesgada puede llevar a malentendidos, conflictos interpersonales e incluso rupturas de relaciones.

Una de las razones detrás de este sesgo es la tendencia inherente de las personas a percibir amenazas en su entorno. Nuestro cerebro está cableado para detectar posibles peligros y responder a ellos de manera defensiva. Como resultado, cuando nos enfrentamos a situaciones ambiguas, nuestro sesgo de atribución hostil puede entrar en juego, llevándonos a interpretar las acciones de los demás como amenazantes o negativas, incluso cuando no lo son.

Por ejemplo, si recibimos un correo electrónico breve de un colega que simplemente dice "Necesito hablar contigo", nuestro sesgo de atribución hostil podría llevarnos a asumir lo peor y pensar que hemos hecho algo malo o que estamos en problemas, en lugar de considerar que podría ser una solicitud de ayuda o una conversación de rutina.

JUSTICIA POÉTICA

El concepto del sesgo de atribución hostil tiene sus raíces en la investigación pionera realizada por los psicólogos Melvin J. Lerner y Carolyn H. Simmons en la década de 1960. Su trabajo se centró en comprender cómo las personas perciben y responden a las injusticias percibidas en su entorno social, lo que eventualmente condujo al desarrollo del concepto de "justicia poética".

La justicia poética se refiere a la creencia arraigada en la mente humana de que las personas obtienen lo que merecen, especialmente cuando se trata de resultados negativos. En otras palabras, tendemos a pensar que aquellos que experimentan dificultades o sufrimiento de alguna manera lo merecen, ya sea por sus acciones pasadas o por algún tipo de característica inherente.

Por ejemplo, si vemos a alguien experimentar una serie de contratiempos en su vida, como perder su trabajo o enfrentar problemas financieros, es posible que nuestro sesgo de atribución hostil nos lleve a pensar que esa persona hizo algo para merecer tales dificultades. Podríamos asumir automáticamente que no trabajaron lo suficiente, tomaron malas decisiones o tienen alguna característica defectuosa que los hizo merecedores de su situación.

La investigación de Lerner y Simmons reveló que esta tendencia a creer en la justicia poética puede ser especialmente pronunciada cuando se trata de observar a otros enfrentarse a consecuencias negativas. Las personas pueden sentirse incómodas o amenazadas por la idea de que alguien podría enfrentar dificultades sin haber hecho nada para merecerlas, lo que lleva a la atribución de motivos hostiles para explicar su situación.

CASOS EXTREMOS (PATOLOGÍAS)

El sesgo de atribución hostil, una tendencia psicológica a interpretar las acciones de los demás de manera negativa, puede estar estrechamente relacionado con diversas patologías mentales, especialmente en casos más extremos. La manera en que una persona atribuye motivos maliciosos o intenciones negativas a los demás puede ser un síntoma o un factor de riesgo para diferentes trastornos.

La alexitimia, caracterizada por la dificultad para identificar y expresar emociones, se relaciona directamente con el sesgo de atribución hostil al limitar la capacidad de la persona para comprender sus propias emociones y las de los demás.

Por otro lado, el narcisismo, que implica un sentido exagerado de autoimportancia y una falta de empatía hacia los demás, alimenta el sesgo de atribución hostil al centrar la atención en uno mismo y en la preservación de la propia imagen. Las personas con tendencias narcisistas pueden interpretar las acciones de los demás como amenazas a su propio ego, lo que los lleva a atribuir motivos negativos a esas acciones.

En el caso de la esquizofrenia, un trastorno mental grave que afecta la percepción de la realidad, el sesgo de atribución hostil puede manifestarse como parte de los síntomas positivos de la enfermedad, como las alucinaciones y las ideas delirantes. Las personas con esquizofrenia pueden interpretar las acciones de los demás de manera distorsionada debido a sus experiencias perceptivas alteradas, lo que puede dar lugar a una mayor susceptibilidad a atribuir motivos hostiles.

Finalmente, los pacientes con trastorno grave por consumo de alcohol atribuyen más intenciones hostiles a los demás en situaciones sociales ambiguas o estresantes. Sin embargo, este sesgo está más relacionado con un sentimiento de culpa que con una reacción agresiva, y podría contribuir a las recaídas después de la abstinencia.

PROBLEMA CON LA SUBJETIVIDAD (SESGO DEL EXPERIMENTADOR)

El otro día mientras veía la televisión, vi un anuncio que me resulto curioso. Afirmaban que el desayuno era la comida más importante del día. Los estudios que he podido analizar van en múltiples direcciones. Hay estudios que apoyan esta afirmación, pero también los hay que lo contradicen, por lo que se puede decir que no existe un consenso científico que confirme este hecho. Si bien, como era de esperar el anuncio estaba realizado por la marca Kellog's, compañía multinacional agroalimentaria interesada en que los consumidores compren sus productos para consumirlos, preferentemente, en el desayuno. Claramente este anuncio era un ejemplo del sesgo del experimentador.

El sesgo del experimentador, reconocido también como sesgo del investigador o del observador, representa un fenómeno intrínseco al ámbito de la investigación científica. Se caracteriza por la incidencia de la subjetividad del investigador en el desarrollo y los resultados de un estudio. Este sesgo puede manifestarse en diversas etapas del proceso de investigación, desde la planificación y diseño del estudio hasta la interpretación y análisis de los datos recopilados, ejerciendo así una influencia que puede distorsionar los hallazgos y conclusiones de manera inadvertida.

En el contexto de la investigación, la presencia del sesgo del experimentador plantea una preocupación significativa, ya que compromete la objetividad y la validez de los resultados obtenidos. Esta distorsión puede surgir de diversas formas. Por ejemplo, durante la fase de diseño del estudio, el investigador puede verse influenciado por sus propias creencias, expectativas o intereses, lo que podría llevarlo a seleccionar métodos o variables que favorezcan la confirmación de sus hipótesis preexistentes. Además, durante la recolección de datos, la interacción del investigador con los participantes o el entorno experimental puede transmitir inadvertidamente señales o sesgos implícitos que afecten el comportamiento de los sujetos o la calidad de la información recopilada.

Un ejemplo de este sesgo se manifiesta en el campo de la psicología y las ciencias sociales, donde la observación directa del comportamiento humano puede verse influenciada por las expectativas o suposiciones del investigador. Por ejemplo, un psicólogo que estudia el efecto de la música en el estado de ánimo de los participantes podría tender a interpretar los gestos o expresiones faciales de los sujetos de manera sesgada, especialmente si tiene expectativas preconcebidas sobre los efectos emocionales de la música.

Este fenómeno no es exclusivo de ningún campo particular de la investigación, sino que puede surgir en cualquier disciplina científica donde la subjetividad del observador pueda influir en la interpretación de los datos. La relevancia del sesgo del experimentador radica en su capacidad para socavar la objetividad y la fiabilidad de los hallazgos científicos, lo que puede llevar a conclusiones erróneas o a la invalidación de los resultados.

EL CASO DE CYRIL BURT

El caso de Cyril Burt ilustra de manera impactante cómo el sesgo del experimentador puede influir en los resultados de la investigación científica y tener repercusiones significativas en la sociedad. Burt, un psicólogo influyente en el campo de la psicometría, llevó a cabo estudios sobre la heredabilidad del coeficiente intelectual (CI) y su relación con el estatus socioeconómico.

Burt sostenía la creencia de que los niños provenientes de familias de clase trabajadora tenían una predisposición genética a tener un CI más bajo en comparación con los niños de familias de clase alta. Utilizó un enfoque aparentemente riguroso y científico en sus investigaciones, que parecían apoyar sus conclusiones. Estas conclusiones, a su vez, tuvieron un impacto considerable en las políticas educativas en la Inglaterra de la década de 1960.

El trabajo de Burt llevó a la implementación de un sistema educativo de dos niveles que segregaba a los niños según su origen social. Esta segregación tenía profundas implicaciones, ya que los niños de clase trabajadora eran enviados a escuelas consideradas de menor calidad en comparación con las elitistas reservadas para los niños de clase media y alta.

Sin embargo, años después, la investigación de Burt fue objeto de escrutinio y finalmente desacreditada. Se descubrió que había falsificado datos y resultados para respaldar sus prejuicios y teorías preconcebidas. Este descubrimiento no solo arrojó dudas sobre la validez de sus investigaciones, sino que también puso de relieve el peligro y las consecuencias negativas del sesgo del experimentador en la investigación científica.

El caso de Cyril Burt destaca la importancia de la integridad científica y la necesidad de mantener un enfoque imparcial y objetivo en la investigación. Además, subraya cómo el sesgo del experimentador puede distorsionar incluso los resultados que parecen sólidos, lo que puede tener repercusiones significativas en la sociedad. En última instancia, este caso sirve como recordatorio de la importancia de cuestionar críticamente los resultados de la investigación y estar alerta ante la posibilidad de sesgos en el proceso científico.

¿CÓMO TE PUEDE AFECTAR A TI SI NO ERES CIENTÍFICO?

A priori, puede parecer que este sesgo está reservado, exclusivamente, para científicos que se desenvuelven en experimentos complejos, pero esta no es la realidad. Por ejemplo, el sesgo del experimentador puede afectar a cómo se presenta la información en los medios de comunicación, en línea o en otros contextos. Los investigadores que tienen sesgos pueden seleccionar ciertos datos o interpretar los resultados de manera que respalden sus propias creencias, lo que podría llevar a una percepción sesgada de la realidad por parte del público en general.

Además, como hemos visto, los estudios científicos influyen en las políticas gubernamentales, las leyes y las regulaciones sociales. Si los investigadores tienen sesgos, los resultados pueden llevar a decisiones políticas y sociales que no reflejen la realidad o que favorezcan a ciertos grupos sobre otros.

Incluso en nuestra vida diaria podemos encontrarnos con información sesgada que influye en nuestras decisiones. Por ejemplo, las empresas pueden utilizar estudios sesgados para comercializar productos de manera engañosa o para influir en nuestras preferencias de compra.

Por último, el sesgo del experimentador puede influir en cómo las personas se comportan y se relacionan entre sí. Por ejemplo, los prejuicios implícitos de un entrevistador podrían influir en las decisiones de contratación, promoción o trato justo en el lugar de trabajo.

Por todo esto, debemos tener en cuenta este sesgo a la hora de percibir y procesar la información. Aunque quizás no nos veamos afectados directamente por este sesgo, sus repercusiones, como ya hemos visto, pueden influirnos de manera indirecta en el resultado de nuestras decisiones.

EXTRAPOLANDO CONOCIMIENTOS (DEFORMACIÓN PROFESIONAL)

Hace unos meses mientras jugaba al tenis con mi cuñado, mantuvimos una conversación muy interesante. Hablando de los problemas de salud actuales, y discutíamos sobre los factores que pueden tener mayor influencia sobre la mortalidad presente y futura. Yo comentaba varios factores que considero que están actualmente afectando la salud de los seres humanos, factores que hace años, quizás no nos afectaban tanto, como las enfermedades psicológicas, y las provenientes del consumo de alimentos cada vez más procesados y menos saludables. Para mi cuñado el factor fundamental era la falta de higiene bucal. Claro se me había olvidado añadir que mi cuñado es dentista.

La deformación profesional es un fenómeno psicológico que afecta la forma en que percibimos y analizamos el mundo que nos rodea. Se manifiesta cuando interpretamos los eventos y fenómenos a través del prisma de nuestra formación, experiencia o profesión específica. En lugar de ver las cosas de manera objetiva, nuestra visión se ve sesgada por el conjunto particular de conocimientos y habilidades que hemos adquirido a lo largo de nuestra vida profesional.

Este sesgo puede surgir de diversas fuentes, como nuestra educación formal, la experiencia laboral acumulada a lo largo de los años y la influencia de las normas y valores de nuestra profesión. Por ejemplo, un médico puede tener una tendencia natural a buscar explicaciones médicas para los problemas que enfrenta en su vida cotidiana, mientras que un ingeniero puede analizar los problemas desde una perspectiva técnica.

La deformación profesional puede limitar nuestra capacidad para considerar perspectivas alternativas o soluciones que estén fuera del marco de nuestra propia disciplina. Esto puede llevar a una visión estrecha y un enfoque limitado hacia los problemas, lo que a su vez puede obstaculizar la creatividad y la innovación. El premio Nobel Alexis Carrel observó: "Todo especialista, debido a un conocido sesgo profesional, cree que comprende al ser humano en su totalidad, cuando en realidad solo capta una pequeña parte de él".

CUANDO TIENES UN MARTILLO, TODO TE PARECEN CLAVOS

La expresión "cuando tienes un martillo, todo te parecen clavos" encapsula perfectamente el concepto del sesgo de deformación profesional, ilustrando cómo nuestra formación y experiencia influyen en la forma en que percibimos y abordamos el mundo que nos rodea. Este proverbio, atribuido a Abraham Maslow, refleja la idea de que cuando poseemos una habilidad, conocimiento o perspectiva particular, tendemos a aplicarla de manera indiscriminada, incluso en contextos donde podría no ser la solución más apropiada o efectiva.

Imaginemos a un médico recién graduado que comienza su residencia en un hospital. Después de años de formación y experiencia en medicina, su visión del mundo está moldeada por el diagnóstico y tratamiento de enfermedades. Cuando se enfrenta a una situación fuera del ámbito de la medicina, como un problema técnico en su automóvil, es probable que su primera reacción sea buscar analogías con la anatomía y fisiología del cuerpo humano para tratar de entender el problema. Esta tendencia a aplicar su formación médica a una situación no relacionada es un ejemplo claro del sesgo de deformación profesional.

Del mismo modo, consideremos a un abogado que ha pasado años estudiando leyes y trabajando en casos legales. Cuando se enfrenta a dilemas éticos o disputas personales, es probable que vea estas situaciones a través de la lente de la jurisprudencia y la argumentación legal. Puede intentar resolver conflictos utilizando estrategias de negociación o recurrir a conceptos legales para interpretar las acciones de las personas a su alrededor. Esta predisposición a aplicar su formación legal a todas las áreas de su vida es otra manifestación del sesgo de deformación profesional.

Incluso en campos menos técnicos, como el arte o la educación, el sesgo de deformación profesional puede influir en la forma en que percibimos y abordamos nuestras experiencias. Un artista puede ver el mundo a través del prisma de la composición y el color, mientras que un educador puede interpretar las interacciones sociales desde la perspectiva del aprendizaje y el desarrollo. En cada caso, nuestra formación y experiencia profesional actúan como un filtro a través del cual entendemos y respondemos al mundo que nos rodea.

Para cambiar este sesgo y ampliar nuestra visión del mundo, es importante reconocer la influencia que nuestra formación y experiencia tienen en nuestra percepción y comportamiento. Al ser conscientes de cómo nuestras habilidades y conocimientos moldean nuestra forma de ver las cosas, podemos abrirnos a nuevas perspectivas y enfoques. Buscar la diversidad en nuestras experiencias y estar abiertos a aprender de disciplinas y puntos de vista diferentes puede ayudarnos a superar el sesgo de deformación profesional y enriquecer nuestra comprensión del mundo.

DE NÚMEROS Y DE LETRAS

Tener conocimientos en diversas materias no solo amplía nuestro repertorio de habilidades y conocimientos, sino que también mejora nuestra capacidad para interpretar la información de manera más completa y una toma de decisiones más informada. Este enfoque interdisciplinario nos permite integrar diferentes perspectivas y enfoques, lo que enriquece nuestra comprensión del mundo y nos ayuda a evitar caer en el sesgo de deformación profesional.

Imaginemos a una persona que ha estudiado tanto ciencias sociales como ciencias naturales. Esta persona, al enfrentarse a un problema complejo, puede analizarlo desde múltiples ángulos. Por ejemplo, si se trata de una cuestión ambiental, puede considerar tanto los aspectos sociales y económicos involucrados como los impactos ambientales y científicos. Este enfoque holístico le permite comprender mejor la situación en su totalidad y tomar decisiones más equilibradas y fundamentadas.

El sesgo de deformación profesional puede hacer que un ingeniero tienda a resolver problemas utilizando métodos y conceptos propios de la ingeniería, incluso cuando una solución interdisciplinaria podría ser más efectiva. Sin embargo, si esa misma persona tiene conocimientos en campos como la psicología o la economía, puede ser más capaz de considerar diferentes enfoques y encontrar soluciones más creativas y efectivas.

Además, la intersección de diferentes disciplinas puede llevar a descubrimientos y avances innovadores. Por ejemplo, la biotecnología, que combina conocimientos de biología y tecnología, ha dado lugar a desarrollos revolucionarios en campos como la medicina y la agricultura. Del mismo modo, la neurociencia cognitiva, que fusiona la neurología y la psicología, ha arrojado luz sobre cómo funciona el cerebro humano y ha generado nuevas terapias para trastornos mentales.

Al tener conocimientos en varias materias, también somos más capaces de identificar y abordar los sesgos cognitivos que pueden afectar nuestra toma de decisiones. Por ejemplo, al comprender los principios básicos de la estadística y la probabilidad, podemos ser más críticos con la información que recibimos y evitar caer en trampas como el sesgo de confirmación o el sesgo de negación del ratio base.

UNA MENTE ABIERTA, FLEXIBLE Y CREATIVA

El sesgo de deformación profesional puede afectarnos de diversas maneras en nuestra vida personal y profesional. Al ver el mundo a través del filtro de nuestra formación o experiencia profesional, podemos limitar nuestra capacidad para considerar perspectivas alternativas o soluciones creativas a los problemas. Además, la tendencia a interpretar los eventos y fenómenos de acuerdo con nuestras habilidades o conocimientos especializados puede llevarnos a cometer errores de juicio.

Este sesgo también puede hacer que nos volvamos inflexibles en nuestra forma de pensar y actuar. Si estamos demasiado identificados con nuestra profesión o área de especialización, podemos resistirnos a considerar nuevas ideas, lo que provocará la falta de innovación y progreso en campos profesionales y en la sociedad en general. Al limitar nuestra capacidad para pensar de manera creativa y "fuera de la caja", el sesgo de deformación profesional puede frenar el desarrollo de nuevas ideas y soluciones. Por ello, es necesario reconocer este sesgo y trabajar activamente para contrarrestarlo, desarrollando una mentalidad más abierta, flexible y comprensiva, ingredientes fundamentales para una mente sana, innovadora, y creativa, que nos permita movernos por este mundo de constante cambio.

CORROMPIENDO LA MORAL (PODER CORRUPTO)

No hace mucho tiempo, uno de mis mejores amigos me regalo un nuevo pantalón para hacer senderismo. Él trabaja en una compañía de deporte, y uno de sus compañeros que se encarga del almacén, vendió algunos pantalones de manera ilegal. Dice que existe tal caos en el almacén que nadie conoce el nivel de inventarios, lo que aprovecha para sacar un dinero extra. A mí no me pareció muy legítimo, pero yo tenía unos pantalones de senderismo nuevos. Es sorprendente hasta los niveles que puede llegar el sesgo de poder corrupto.

El sesgo del poder corrupto es un fenómeno psicológico ampliamente estudiado que revela cómo el ejercicio del poder puede influir en el comportamiento humano, a menudo, llevando a aquellos en posiciones de autoridad a actuar de manera egoísta, abusiva o corrupta. Este fenómeno sugiere que el poder tiene el potencial de corromper la ética y la moral de las personas, llevándolas a tomar decisiones que van en contra del interés común.

Un ejemplo claro de este sesgo se encuentra en el ámbito político, donde los líderes en posiciones de poder a veces abusan de su autoridad para obtener ventajas personales o favorecer a ciertos grupos en detrimento del bienestar general. Por ejemplo, un político que utiliza su influencia para obtener sobornos, privilegios o favores personales estaría exhibiendo claramente el sesgo del poder corrupto. Este comportamiento puede manifestarse en formas diversas, como la malversación de fondos, el nepotismo, el tráfico de influencias o la manipulación de la información.

LA PRISIÓN DE STANFORD

El estudio de la Prisión de Stanford, dirigido por el psicólogo social Philip Zimbardo en 1971, ha sido un hito en la comprensión de cómo el poder y la autoridad pueden influir en el comportamiento humano. Este experimento, diseñado para examinar las dinámicas de poder en un entorno simulado de prisión, reveló de manera impactante cómo los individuos pueden ser afectados por los roles que desempeñan y por las estructuras de poder que los rodean.

El experimento se llevó a cabo en el sótano del edificio de psicología de la Universidad de Stanford, donde se creó un entorno de prisión simulado. Se reclutaron participantes a través de anuncios locales, y aquellos que pasaron las evaluaciones psicológicas fueron asignados aleatoriamente a los roles de guardias o prisioneros. Lo que comenzó como un estudio planeado para durar dos semanas se vio interrumpido abruptamente después de solo seis días debido a la creciente brutalidad y abuso por parte de los guardias hacia los prisioneros.

Los hallazgos del estudio fueron impactantes. Los guardias, investidos con la autoridad de mantener el orden en la prisión simulada, exhibieron comportamientos cada vez más agresivos y degradantes hacia los prisioneros, quienes a su vez mostraron signos de angustia emocional y sumisión ante la autoridad percibida de los guardias. Estos comportamientos incluyeron humillaciones públicas, abuso físico y emocional, y un rápido deterioro de las relaciones entre los participantes.

El estudio de la Prisión de Stanford puso de manifiesto la influencia poderosa que tienen los roles y las estructuras de poder en el comportamiento humano. Reveló cómo la posición de autoridad puede llevar a comportamientos abusivos y deshumanizantes, incluso entre personas que inicialmente no tenían tales tendencias. También demostró la rapidez con la que los individuos pueden adaptarse y asumir los roles que se les asignan, incluso cuando esos roles implican comportamientos moralmente cuestionables.

Los hallazgos del estudio de la Prisión de Stanford han tenido un impacto duradero en la psicología y en nuestra comprensión de cómo el poder y la autoridad pueden influir en el comportamiento humano. Han llevado a un mayor escrutinio de las dinámicas de poder en diversas instituciones y han resaltado la importancia de la ética y la responsabilidad en los roles de liderazgo y autoridad.

EL PODER CORROMPE A TODO EL MUNDO, ¿SEGURO?

En la historia de la psicología y la sociología, la máxima de Lord Acton: "El poder corrompe y el poder absoluto corrompe absolutamente", ha sido repetida innumerables veces como una verdad incuestionable. Sin embargo, como muchas afirmaciones que se dan por sentado, esta no es una regla inquebrantable. Los psicólogos han intentado durante años desentrañar cómo el poder influye en nuestro comportamiento, y sus conclusiones han arrojado luz sobre la complejidad de esta dinámica.

Como hemos visto, uno de los experimentos más conocidos sobre el tema es el "experimento de la cárcel de Stanford", realizado en 1971 por un equipo de investigadores de la Universidad de Stanford, donde sorprendentemente, los guardias comenzaron a abusar de los prisioneros, lo que llevó a la cancelación prematura del experimento debido al aumento de la brutalidad y el abuso.

Este estudio inicial pareció confirmar la idea de que el poder corrompe, pero investigaciones posteriores han arrojado resultados más matizados. En 2011, un grupo de investigadores estadounidenses liderados por Nathanael Fast descubrió que el poder solo hace que las personas sean menos justas y más propensas a cometer actos inmorales cuando cae en manos de aquellos que previamente estaban acostumbrados a la falta de responsabilidad.

El estudio de Fast utilizó un experimento en el que se demostró que los individuos con más poder y menos estatus eran los más propensos a elegir realizar actividades denigrantes. Sin embargo, un estudio más reciente de la Universidad de Toronto liderado por la profesora Katherine A. DeCelles sugiere que el poder solo corrompe a aquellos que ya tienen una moral laxa. En este experimento, se demostró que las personas con fuertes convicciones morales mostraban un comportamiento ético incluso cuando se les recordaba su poder.

Estos hallazgos más recientes, desafían la idea de que el poder tiene un efecto uniforme en el comportamiento humano. Más bien, sugieren que la relación entre el poder y la corrupción es más compleja de lo que se pensaba anteriormente y que, en última instancia, la moralidad personal juega un papel crucial en cómo el poder influye en nuestras acciones y decisiones.

LOS VALORES SON LA CLAVE

En el devenir de la historia humana, los valores morales han sido faros que guían el comportamiento ético de las personas y las sociedades. Estos principios, arraigados en la conciencia individual y colectiva, son fundamentales para contrarrestar las sombras del poder corrupto que a menudo acechan en las esferas del liderazgo y la autoridad.

La importancia de cultivar y defender estos valores morales radica en su capacidad para contrarrestar las tentaciones y desviaciones éticas que el poder puede provocar. En un mundo donde la corrupción y los abusos de poder son, lamentablemente, demasiado comunes, los valores morales sirven como salvaguardas contra la deshonestidad, la injusticia y el egoísmo desmedido.

En el corazón de estos valores morales yace la integridad, la honestidad, el respeto y la responsabilidad hacia uno mismo y con los demás. Son estos pilares éticos los que nos instan a actuar con rectitud y a resistir las tentaciones de la corrupción cuando el poder se posa sobre nuestros hombros.

Es vital recordar que el poder, por sí mismo, no corrompe a las personas; es la falta de valores morales sólidos lo que abre la puerta a la corrupción. Quienes poseen un firme anclaje en sus principios éticos están mejor preparados para resistir las presiones y las tentaciones que acompañan al poder.

Por tanto, preservar y promover los valores morales en todos los ámbitos de la vida es una tarea de vital importancia. Desde la educación temprana hasta el liderazgo empresarial y político, inculcar estos principios éticos es esencial para construir sociedades más justas, honestas y equitativas.

ALINEACIÓN (SESGO DE CONFORMIDAD)

Estaba en familia dando un paseo, y de repente, a alguien se le ocurrió que podíamos ir de compras. A mí no me gusta nada ir de compras, e intente evitarlo a toda costa. De repente todos querían ir de compras, y yo me sentí aislando, intentando defender mi posición. Hacía un día estupendo, el campo estaba verde, y los pájaros cantaban alegres, no había ninguna razón para encerrarse en un centro comercial, y perderse un día tan bonito. Dos minutos después estaba subiendo al coche dirección al centro comercial.

El sesgo de conformidad, un fenómeno intrínseco a la dinámica social humana se manifiesta cuando las personas modifican sus creencias, opiniones o comportamientos para alinearse con las del grupo predominante, aunque vayan en contra de sus propias convicciones o percepciones. En este sentido, implica una adaptación a las normas y expectativas sociales que prevalecen en un entorno determinado, a menudo en detrimento de la autenticidad y la independencia individuales.

Este fenómeno puede observarse en una amplia gama de situaciones sociales, desde simples interacciones grupales hasta contextos más complejos como organizaciones, comunidades e incluso sociedades enteras. La presión para conformarse puede provenir tanto de la influencia directa de otros individuos como de las normas sociales internalizadas que actúan como guías implícitas para el comportamiento aceptable.

EL EXPERIMENTO DE LAS LÍNEAS

El experimento de Solomon Asch, llevado a cabo en la década de 1950, es un ejemplo paradigmático que ilustra de manera práctica el poder del sesgo de conformidad en la influencia del comportamiento humano. En este estudio, los participantes fueron sometidos a la presión de un grupo mayoritario que daba respuestas incorrectas a preguntas de comparación visual.

En cada sesión del experimento, un participante ingenuo se sentaba junto a un grupo de cómplices que estaban instruidos para proporcionar respuestas incorrectas de manera deliberada. Durante la prueba, se mostraban pares de líneas y se pedía a los participantes que identificaran cuál de ellas era más larga. Sin embargo, todos los cómplices del experimentador, que actuaban como participantes aparentemente genuinos, daban respuestas incorrectas de manera unánime.

Lo sorprendente fue que muchos de los participantes ingenuos, a pesar de poder ver claramente la diferencia entre las líneas, optaron por conformarse con las respuestas del grupo en lugar de confiar en sus propios juicios visuales. Este fenómeno reveló la poderosa influencia que puede ejercer la presión social en la conformidad, incluso cuando contradice la evidencia perceptual clara y objetiva.

Asch descubrió que aproximadamente el 75% de los participantes conformaron su respuesta al menos una vez durante el experimento, y alrededor del 25% de los participantes conformaron en la mayoría de las pruebas. Este estudio destacó la fuerza de la conformidad social en la modificación del comportamiento individual y resaltó la importancia de la presión del grupo en la toma de decisiones.

MIEDO AL RECHAZO

El sesgo de conformidad, arraigado en la psicología social, es un fenómeno complejo que puede surgir de diversas motivaciones y presiones psicológicas. Una de las razones fundamentales que impulsa este sesgo es la necesidad humana innata de pertenencia y aceptación social. Desde una edad temprana, los seres humanos buscan la aprobación y validación de sus pares, lo que a menudo conduce a la conformidad con las normas y expectativas del grupo.

El miedo al rechazo o la exclusión también puede desempeñar un papel significativo en la conformidad. La amenaza percibida de ser marginado o ignorado por el grupo puede ser abrumadora y llevar a las personas a ajustar sus comportamientos o creencias para evitar el aislamiento social. Este temor al rechazo puede ser especialmente intenso en entornos donde la cohesión grupal es alta o donde las consecuencias de no conformarse son graves.

Además, la búsqueda de certeza en situaciones ambiguas o desconocidas puede motivar el sesgo de conformidad. En situaciones donde la información es limitada o la tarea es compleja, las personas pueden recurrir al comportamiento del grupo como una guía para determinar la respuesta correcta. La conformidad proporciona una sensación de seguridad y certeza en entornos inciertos, lo que puede ser reconfortante y tranquilizador para muchos individuos.

La presión del grupo y la autoridad son factores adicionales que pueden influir en nuestra disposición a conformarnos, ya que sus opiniones y acciones son vistas como legítimas y dignas de ser seguidas. En situaciones donde la autoridad es percibida como legítima, los individuos pueden estar más inclinados a conformarse con las normas o directrices establecidas por esa autoridad.

NO SIGAS AL REBAÑO

El sesgo de conformidad puede llevarnos a reprimir nuestra autenticidad y singularidad para adaptarnos a las expectativas del grupo. Esto puede resultar en una pérdida de identidad personal y una sensación de desconexión con nosotros mismos. Además, al conformarnos ciegamente con las opiniones o comportamientos del grupo, podemos dejar de cuestionar y analizar de manera crítica la validez de esas creencias. Esto limita nuestra capacidad para desarrollar un pensamiento independiente y para formar opiniones fundamentadas.

La conformidad puede desalentar la creatividad y la innovación al promover la adhesión a las formas tradicionales de pensar y actuar. Esto puede obstaculizar el progreso y la resolución de problemas en diversos contextos, desde el trabajo hasta la vida personal, y dificulta el reconocimiento y la corrección de errores, ya que tendemos a seguir ciegamente al grupo incluso cuando están equivocados. Esto puede perpetuar patrones de comportamiento dañinos o ineficaces sin oportunidad de mejora.

Por todo lo anterior, se manifiesta la importancia de contrarrestar el sesgo de conformidad, lo que requiere de un esfuerzo consciente y continuo para desarrollar la autoconciencia y la autonomía en la toma de decisiones. Debemos tener un cuestionamiento activo y enfrentar activamente las normas sociales, tomarse el tiempo para reflexionar sobre nuestras propias creencias y valores, así como las de nuestra comunidad, o país. Además, debemos desarrollar la toma de decisiones de manera autónoma, sin seguir ciegamente al grupo. Esto implica confiar en nuestro juicio y ser fiel a nosotros mismos incluso cuando enfrentamos la desaprobación del grupo.

En nuestro entorno más próximo, donde más nos afecta las opiniones y juicios de los demás, debemos fomentar entornos que valoren la diversidad de opiniones y perspectivas para reducir la presión de conformidad al proporcionar un espacio seguro para expresar ideas divergentes y ser uno mismo. La promoción de la tolerancia y el respeto mutuo dentro del grupo puede fomentar un clima que celebre la autenticidad y la individualidad.

OTROS SESGOS SOCIALES Y DE INTERACCIÓN

SESGO DE RESPONSABILIDAD EXTERNA

El sesgo de la responsabilidad externa es esa creencia arraigada en el ser humano que nos libera de la carga de asumir la responsabilidad por nuestras propias acciones. En lugar de reconocer nuestro papel en los eventos que ocurren en nuestras vidas, preferimos atribuirlos a fuerzas externas poderosas e incontrolables. Ya sea Dios, el destino, los astros o cualquier otra entidad, buscamos un chivo expiatorio que nos exima de la responsabilidad.

Este sesgo nos proporciona una sensación de tranquilidad al evitar enfrentar la angustia y la preocupación que conlleva asumir nuestras acciones. Es más fácil culpar a un agente externo por nuestros errores que confrontar la incertidumbre y la responsabilidad. Si cometemos un error, simplemente decimos "así lo quiso el destino" o "los astros no estaban alineados".

Pensar en términos del sesgo de la responsabilidad externa nos reconforta al ofrecernos una sensación de protección. Nos hace sentir que hay una fuerza superior que maneja todo, como cuando éramos niños y nuestros padres dirigían nuestras vidas. En cierto modo, es una forma de prolongar esa sensación de dependencia infantil en la que poco podíamos hacer para influir en nuestro entorno.

DEFENSA DE ESTATUS

El sesgo de la defensa del estatus es un fenómeno psicológico que describe la tendencia de las personas a proteger su propia posición social, económica o de poder, así como la de su grupo social, incluso cuando eso significa distorsionar la realidad o justificar comportamientos cuestionables.

Este sesgo puede manifestarse de diversas formas, como minimizar las críticas hacia uno mismo o hacia el grupo al que pertenece, exagerar los logros personales o colectivos, y menospreciar a aquellos que no comparten nuestra posición o perspectiva.

Un ejemplo claro de este sesgo puede observarse en el ámbito político, donde los seguidores de un partido político tienden a defender fervientemente las acciones de su líder o su partido, incluso cuando estas son cuestionadas por otros. Esto puede llevar a la negación de evidencia o a la justificación de comportamientos inapropiados con el fin de mantener una imagen positiva del grupo al que se pertenece.

EPÍLOGO

Al llegar al final de este viaje a través de los intrincados laberintos de la mente humana, te invito a reflexionar sobre el vasto y complejo paisaje que hemos explorado juntos. Desde los rincones más oscuros de la psicología hasta las cumbres más iluminadas de la toma de decisiones, hemos desentrañado los misterios de los sesgos cognitivos y su impacto en nuestras vidas.

El conocimiento de los sesgos cognitivos es, en esencia, una herramienta de iluminación. Al destapar las capas de prejuicios y distorsiones que se interponen entre nosotros y la realidad, nos acercamos a una comprensión más clara y precisa del mundo que nos rodea. Este conocimiento no solo nos ayuda a ver las cosas como son, sino que también nos proporciona una base sólida sobre la cual construir nuestras decisiones y acciones.

Uno de los aspectos más fascinantes de explorar los sesgos cognitivos es su omnipresencia en nuestra vida cotidiana. Desde la forma en que juzgamos a los demás hasta cómo evaluamos nuestras propias habilidades, los sesgos están siempre presentes, moldeando nuestras percepciones y decisiones de maneras sutiles pero poderosas. Reconocer y comprender estos sesgos nos brinda una ventaja invaluable, permitiéndonos superar las trampas del pensamiento automático y tomar decisiones más informadas y fundamentadas.

Pero el impacto de este conocimiento va más allá de nuestras decisiones individuales. En un mundo cada vez más interconectado, la comprensión de los sesgos cognitivos es esencial para mejorar nuestras interacciones sociales y fortalecer nuestros lazos comunitarios. Al reconocer y aceptar nuestras propias limitaciones cognitivas, podemos cultivar la empatía y la comprensión hacia los demás, fomentando relaciones más saludables y colaborativas.

Es importante recordar que el viaje hacia una mayor conciencia de los sesgos cognitivos es un proceso continuo y en constante evolución. No se trata simplemente de adquirir conocimientos, sino de cultivar una mentalidad de aprendizaje constante y autorreflexión. Cada día, tenemos la oportunidad de desafiar nuestros propios prejuicios y expandir nuestra comprensión del mundo que nos rodea.

En última instancia, espero que este libro haya sido tanto un punto de partida como una guía en tu propio viaje hacia el autoconocimiento y la mejora personal. Espero que te haya proporcionado las herramientas y la inspiración necesarias para explorar los rincones más profundos de tu mente y enfrentar los desafíos que se presentan en el transcurso del camino. Espero que te haya mostrado que el camino hacia la claridad y la sabiduría es largo y sinuoso, pero también lleno de maravillas y descubrimientos.

Así que te invito a seguir adelante con valentía y determinación, sabiendo que cada paso que das te acerca un poco más a la verdad y la autenticidad, y a la mejor versión que puedes conseguir de ti mismo.

Para finalizar, simplemente espero que hayas disfrutado de este libro y como autor autopublicado, me sería de gran ayuda, si has comprado este libro a través de la plataforma Amazon, que realizaras un comentario positivo en su plataforma. Además de ofrecer tu opinión sobre el contenido de este libro, podrías comentar cuál de los sesgos cognitivos crees que es el más peligroso y produce una mayor distorsión de la realidad, dificultándonos una valoración racional de la información. Sin más, muchas gracias por llegar hasta la última palabra de este libro.